KB268932

바다를 건너라

초판 1쇄 인쇄 2009년 2월 20일   초판 1쇄 발행 2009년 2월 27일

지은이 한창욱 **펴낸이** 신민식

출판 3분사장 노창현
편집장 최수진 **책임편집** 김영혜
편집 1팀 박혜진 김영혜 편집 2팀 강재인 편집 3팀 김남중 디자인 이세호
본문 일러스트 조연상

마케팅분사 권대관 곽철식 이귀애
제작 이재승 송현주

펴낸곳 (주)위즈덤하우스 **출판등록** 2000년 5월 23일 제13-1071호
주소 서울시 마포구 도화1동 22번지 창강빌딩 15층 **전화** (02)704-3861 **팩스** (02)704-3891
홈페이지 www.wisdomhouse.co.kr
출력 엔터 **종이** 화인페이퍼 **인쇄** 프린팅하우스 **제본** 신한제책사

값 11,000원   ISBN 978-89-6086-158-9 03320

*잘못된 책은 바꿔드립니다.
*이 책의 전부 또는 일부 내용을 재사용하려면
 사전에 저작권자와 (주)위즈덤하우스의 동의를 받아야 합니다.

국립중앙도서관 출판사도서목록(CIP)

바다를 건너라 / 한창욱 지음. ――서울 : 위즈덤하우스, 2009
p.; cm
ISBN 978-89-6086-158-9 03320 : ₩11000
인생훈[人生訓]
199.1-KDC4
179.7-DDC21   CIP2009000375

바다를 건너라

한창욱 지음

위즈덤하우스

그 새는 바다를 건넜을까?

인터넷 사이트에서 히말라야의 눈 속에 머리를 파묻고 있는 새를 보았다. 죽음마저도 비행을 멈추게 할 수 없다는 듯이 날개를 활짝 펴고 있었다. 사진을 오래도록 들여다보고 있으니 문득, 궁금증이 찾아왔다.

이 새는 무엇을 찾아 날아가던 중이었을까?

가슴이 답답했던 터라 호기심도 풀 겸해서 여장을 꾸렸다. 분명 그 기러기와 함께 이동했을 동료들의 발자취를 찾아서.

인도기러기를 처음 만난 곳은 중국과 인도의 접경지대에 자리하고 있는 '하늘호수(판공초)'였다. 그들은 카라코람 산맥을 넘어서 중앙아시아 툰드라 지대로 이동하기 위해 잠시 휴식을 취하는 중이었다.

며칠 뒤, 인도기러기들은 히말라야의 고봉을 향해서 무리 지어 날아갔다. 나는 아쉽지만 더 이상 뒤를 쫓아갈 수 없었다. 중앙아시아 툰드라 지대로 가기 위해 먼 길을 돌아가다가 태풍을 만났다. 현지 가이드는 무리에서 떨어져 나온 인도기러기가 강풍에 휘말려 바다 저편으로 떠밀려가기도 한다고 했다. 나는 다시금 궁금해졌다.

그 새는 바다를 건넜을까?

만약, 바다를 건너갔다면 다시 돌아올 수 있는 걸까?

여행에서 돌아오니 한 통의 메일이 와 있었다.

"안녕하세요, 선생님! 저는 이 년 전 법대를 졸업하고, 현재 사법고시를 준비 중인 고시생입니다. 오늘은 절친한 친구들 모임이 있는 날입니다. 몇 년 전부터 그래왔듯이 모임도 불참하고 공부를 하고 있는데 불쑥 이런 생각이 들더군요. 만약 내가 오랜 세월 꿈꾸었던 법관이 되기도 전에 불치병에 걸리거나 교통사고로 죽는다면, 나의 인생이 너무 허망하지 않은가? 이상만 추구할 게 아니라 다른 이들처럼 적당히 인생을 즐기며 살아야 하는 것은 아닐까? 선생님의 의견을 듣고 싶습니다."

친구들과 수다도 떨고 싶고, 멋진 남성을 만나 사랑도 하고 싶을 때였다. 그런데 세상과 담을 쌓은 채, 고시원에서 혼자 생활하고 있을 외로운 영혼을 생각하니 마음이 아팠다. 나는 곧바로 답장을 보냈다.

"…만약 불치병에 걸리거나 교통사고로 죽는다 해도 허망한 인생은 아닙니다. 꿈은 이루었을 때만 그 기쁨과 행복을 맛보는 것이 아니라 꿈을 꾸기 시작하는 순간부터 맛보기 때문입니다. 지금은 여러모로 힘들겠지만 좀 더 집중해서 공부

에 매진하세요. 고난의 바다를 건너는 사람만이 세상의 주인
공이 될 수 있습니다….”

　나는 그날 밤, 꿈을 꾸었다. 태풍에 휩쓸려간 인도기러기가
훨훨 날아서 바다를 건너오는 꿈을. 그것은 메일을 보낸 고시
생 같기도 했고, 바로 나의 모습 같기도 했다.

한창욱

더 큰 세상을 꿈을 행복을 향한 도전

차례

1
어디로 가야하나

방황 ─ 목표 없이는 한 발짝도 더 나아갈 수 없다

1

인도기러기는 일 년에 두 번 히말라야를 넘는다.

우기가 끝나고 건기에 접어들자, 인도양으로부터 후텁지근한 바람이 불어왔다. 갠지스 강가에서 무리지어 살던 인도기러기들이 하늘로 날아올랐다.

그들의 최종 목적지는 중앙아시아 툰드라 지대다. 먼 거리를 날아서 그들이 도착할 즈음에는 이름 모를 야생화와 함께 싱그러운 풀들이 그곳에 솟아나 있으리라.

날씨는 화창했다. 외투처럼 히말라야를 감싸고 있던 두터운 구름이 모처럼 만에 걷혔다. 산봉우리의 만년설은 태양빛을 받아 한층 더 신비로워 보였다.

기러기는 열 개 조로 나뉘어 질서정연하게 하늘을 날고 있었다. 각 무리의 모습은 밑에서 올려다보면 V자나 W자를 뒤집어 놓은 형태였다. 바람의 저항이 심한 선두에는 건장한 기러기가, 바람의 저항이 약한 중간이나 후미에는 늙거나 어린 새들이 자리했다.

기러기 떼가 날아간 하늘가에 어린 기러기 한 마리가 힘겹게 날갯짓을 하며 따라가고 있었다.

"지겨워! 이건 어리석은 짓이야."

티오는 모든 게 마음에 들지 않았다. 철새는 이동하다 열 마리 중 넷이 죽는다. 이동은 축제나 여행이 아닌, 목숨을 건 행군이었다.

'더우면 더운 대로 대충 살면 되지, 얼마나 잘 먹고 잘 살겠다고 귀찮게시리….'

작은 언덕을 넘어가니 조장인 수리가 기다리고 있었다.

"벌써부터 처지면 어떡해? 붙어!"

단독 비행이 위험하다는 건 티오도 잘 알고 있었다. 무리에서 떨어지면 길 잃은 미아가 되거나 독수리 먹이가 되기 십상이었다. 하지만 티오는 될 대로 되라는 심정이었다.

'히말라야를 넘어 초원에 이르면 끝없는 행복이 펼쳐질 거라고? 흥! 새빨간 거짓말!'

티오는 이동하기 전, 무리 앞에서 마오리가 했던 연설을 떠올리며 코웃음을 쳤다.

아버지 마오리는 무리를 이끄는 대장이었다. 모두들 그를 존경했고, 입을 열었다 하면 아낌없는 찬사를 보냈다. 티오는 그때마다 속으로 코웃음을 쳤다. 마오리는 훌륭한 대장일지는 몰라도 훌륭한 가장은 아니었다. 티오가 비행 연습을 하다 독수리에게 쫓겨 죽을 뻔했을 때도, 어머니가 병으로 죽어갈 때도 마오리는 '회의 중'이었다.

"아마 한 번도 본 적 없을걸! 행복이 뭔지도 모르면서…."

마오리는 이동을 서두르지 않았다. 약한 새들을 위해 해가 지기 전에 쉼터를 찾아 휴식을 취했고, 날이 밝으면 다시 비행을 시작했다.

중간 기착지인 하늘호수에 도착한 것은 해가 중천에 떠 있을 때였다. 해발 4,200미터가 넘는 곳에 자리하고 있는 하늘호수의 물은 눈이 시리도록 투명했다. 기러기들은 호수에서 물놀이를 하며 피로를 달랬다.

해가 지자 기온이 급격히 떨어지기 시작했다. 하늘이 보랏빛으로 변하는가 싶더니 눈발이 날렸다. 성긴 눈발은 함박눈으로 변했고, 다음날 아침까지 퍼부었다. 눈이 그칠 때까지 기다리느냐, 눈 속을 뚫고 전진하느냐를 결정하는 것은 대장의 몫이었다.

기러기들은 이동하기 전에 충분한 음식을 섭취해 에너지로 사용한다. 그래서 계획한 날짜 안에 목적지에 닿지 못하면 기운이 빠져 대열에서 이탈하거나 죽을 수도 있다.

하늘을 초조히 올려다보던 마오리는 눈발이 약해지자 결단을 내렸다.

"모두, 출발!"

짧은 외침이 울려 퍼졌고, 기러기가 일제히 날아올랐다.

눈 속 비행은 위험했다. 자칫하다가는 이동 경로에서 벗어나 엉뚱한 곳으로 날아갈 수도 있었다. 눈보라가 몰아칠 때면 세상은 하얗게 지워졌다가도 거센 바람이 불어오면 해발 8,611미터 높이의 K2가 무리 앞에 불쑥 웅장한 모습을 드러내곤 했다.

산 정상을 향해서 다가갈수록 기온은 떨어졌고, 눈보라는 점점 심해졌다. 마오리가 카라코람 산맥을 넘기 위해 고도를 최대한 높였다. 그 뒤를 따라서 기러기들이 일제히 비상했다. 그 순간, 낯익은 기러기 한 마리가 추락했다.

"할아버지!"

뒤따라가던 티오는 깜짝 놀랐다. 혹시 총이라도 맞은 건 아닐까, 싶어서 재빨리 좌우를 둘러보았다. 사냥꾼은커녕 나무

한 그루 찾아볼 수 없었다. 보이는 건 온통 하염없이 쏟아지는 눈송이뿐이었다.

티오는 밑으로 쏜살같이 내려갔다. 양 날개를 활짝 편 채 눈 속에 머리를 푹 파묻고 있는 기러기 한 마리가 보였다.

"할아버지, 정신 차리세요!"

티오가 부리로 흔들어보았다. 그러나 꼼짝하지 않았다. 혹독한 추위 속에서 할아버지의 몸은 빠르게 식어가고 있었다.

할아버지의 갑작스런 죽음 앞에 티오는 넋이 나갔다. 그는 가까운 혈육이기도 했지만 티오를 이해해주던 세상에 단 하나뿐인 친구이기도 했다. 눈송이가 빠르게 내리쌓였다.

"아, 안 돼!"

목을 길게 빼고 티오가 슬픈 울음을 토했다. 그러나 울부짖음은 멀리 퍼져나가지 못하고 퍼붓는 눈송이와 함께 이내 가라앉았다.

✢

'다들 어디로 간 걸까?'

뒤늦게 정신을 차린 티오가 주변을 둘러보았다. 사방을 둘러봐도 온통 새하얀 눈뿐이었다. 혼자라는 사실을 확인하고 나니 외로움이 가슴 깊숙이 밀려들었다. 세상이 갑자기 황량

17

하게 느껴졌다.

땅을 박차고 날아오르며 날갯짓을 했다. 주변에 내려앉아 있던 눈송이들이 꽃잎처럼 허공에 흩날렸다. 티오는 무리를 따라가기 위해서 고도를 높였다. 바람은 매서웠다. 눈을 뜨고 있기가 힘들 정도였다. 티오는 발이 시려서 두 발을 깃털 속에 감추었다.

눈보라 속을 날다 보니 사방이 꽉 막힌 벽 속에 갇힌 기분이었다. 아무리 날갯짓을 해도 그 자리가 그 자리였다. 스르르 날갯죽지에 힘이 빠졌다.

'에이, 모르겠다!'

티오는 눈보라를 피해서 커다란 바위 밑에 내려앉았다. 목을 깃털 속에 파묻고 몸을 움츠린 채 눈이 멎기를 기다렸다.

얼마나 지났을까. 귀에 익은 울음소리가 들려왔다. 티오는 혹시 아버지일까 싶어서, 벌떡 일어났다.

"여기예요, 여기!"

티오가 외치자 새하얀 눈보라 속에서 기러기 한 마리가 날아왔다. 아쉽게도 아버지가 아니라 조장인 수리였다.

"여기서 뭐해?"

티오는 날개를 퍼덕여 깃털에 쌓인 눈을 털어냈다.

"눈보라 때문에 방향을 못 잡겠어요. 그런데 다들 어디 갔어요?"

"산을 넘어갔어."

"벌써요?"

"그래, 산 아래 쉼터에서 기다릴 거야. 이동하기 전에 합류해야 해!"

수리가 다시금 하늘로 날아올랐다.

"같이 가요!"

티오는 수리의 뒤에 바짝 붙었다.

산에는 빠르게 어둠이 내리고 있었다. 눈 덮인 산은 어둠 속에서도 빛이 났다. 눈발이 점점 약해지는가 싶더니 완전히 멎었다. 태초의 침묵과도 같은 고요가 찾아왔다.

수리는 세찬 바람을 피하기 위함인지 산비탈을 따라서 비행했다. 고도가 높아지자 날개가 점점 무겁게 느껴졌다.

"조장님, 쉬었다 가요. 숨이 차서 죽을 것만 같아요!"

"힘을 내! 봉우리만 넘으면 돼."

"도저히 못 가겠어요! 저는 천천히 갈 테니까 조장님 먼저 가세요."

"힘들다고 포기해선 안 돼! 삶은 사소한 것들로 이루어져 있어. 힘들다고 포기해 버리면 결코 목적지에 이를 수 없어!"

티오는 머리를 절레절레 흔들었다.

'또 시작됐군! 지긋지긋한 저놈의 잔소리….'

마지못해 수리의 뒤를 따라가던 티오는 산비탈 아래에서 날개를 접었다.

"그래도 난 쉬었다 갈래요!"

"여긴 위험해! 조금만 더 가서 쉬자."

티오는 아예 못 들은 척했다. 공중을 한동안 맴돌던 수리도 어쩔 수 없다고 판단했는지 옆에 내려앉았다.

깃털 속에 목을 묻고 눈을 감았다. 피로와 함께 졸음이 쏟아졌다. 잠깐 잠이 들었던 걸까. 천둥 같은 요란한 소리와 함께 수리의 다급한 외침이 들려왔다.

"피해!"

티오는 깜짝 놀라 뒤를 돌아보았다. 눈사태가 났는지 산이 허물어져 내리고 있었다. 거대한 장관에 압도되어 몸이 굳은 채 멍하니 바라보고 있는데 수리의 외침이 이어졌다.

"뭐하고 있어?"

그제야 제정신이 든 티오는 날아오르기 위해 두 발로 바닥을 힘껏 밀쳤다. 그러나 단단한 지면이 아닌 쌓여 있는 눈이라서 몸이 쉽게 허공으로 떠오르지 못했다. 필사적으로 날갯짓을 하고 있는데 거대한 눈더미가 덮쳐왔다.

"아, 안 돼!"

티오는 벗어나기 위해서 몸부림을 쳤다. 쉼 없이 날개를 퍼덕이자 아주 잠깐 눈더미 사이로 하늘이 보였다. 그러나 그뿐이었다. 이내 또 다른 눈더미가 그 위를 덮쳤다.

순식간에 벌어진 일이었다.

눈이 온 세상을 뒤덮어버린 걸까. 얼음장같이 차가운 정적이 흘렀다. 티오는 정적을 깰 새라 조심스레 주변을 둘러보았다. 눈으로 둘러싸인 작은 공간 속에 홀로 갇혀 있었다.

한 번도 느껴보지 못했던 공포가 밀려왔다. 티오는 두려움을 떨쳐내기 위해서 목청껏 소리를 질렀다.

"조장님!"

그러나 티오의 목소리는 퍼져나가지 못하고 메아리처럼 이내 되돌아왔다.

"조장님! 어디 계세요?"

다시 한 번 소리치고 나서 귀를 기울였다. 가까운 곳에서 사각거리는 소리가 들려왔다. 그 소리는 점점 가까이 다가오는가 싶더니 아래쪽에서 뭔가가 불쑥 솟아올랐다. 티오는 깜짝 놀라서 뒤로 물러섰다.

머리만 눈 위로 빼꼼히 내놓고 수리가 긴 숨을 토해냈다.

“휴우ㅡ. 하마터면 큰일 날 뻔했네!”

수리는 몸을 빼내기 위해서 끙끙거렸다. 티오가 부리로 주변의 눈을 치우자 이내 쏙 빠져나왔다.

“여긴 또 어디야? 산 넘어 산이구나!”

수리가 머리 위를 뒤덮고 있는 눈더미를 한동안 올려다보았다.

“길을 만들어 보자!”

수리는 한쪽 발이 없었다. 그는 하나뿐인 발로 점프를 하며 부리로 천장의 눈을 파헤치기 시작했다. 티오도 보고 있을 수만은 없어서 번갈아가며 일을 했다.

도대체 얼마나 많은 눈이 덮여 있는 걸까. 온몸의 깃털이 땀으로 흠뻑 젖을 때까지 파헤쳐보았지만 하늘은 쉽게 열리지 않았다. 땀이 식자 한기가 찾아왔다. 갑자기, 살고 싶다는 욕구가 화산처럼 솟구쳤다.

“살려 주세요!”

있는 힘을 다해서 티오가 소리쳤다. 그러나 돌아오는 것은 끝을 측정할 수 없을 정도로 깊은 침묵뿐이었다.

“누구 아무도 없어요?”

티오는 다시금 목청껏 소리쳤다. 외침은 이내 침묵의 바다 속으로 가라앉았다. 그것은 동료들이 이미 떠났음을 뜻했고,

머지않아 죽음이 찾아오리라는 것을 의미했다.

"다 틀렸어요!"

체념하고 나자, 몸에서 힘이 쑥 빠졌다. 티오는 고개를 떨어뜨렸다.

"다, 저 때문이에요. 왜 돌아오셨어요? 저같이 제멋대로인 놈은 죽어도 싸요!"

"자학하지 마라. 누구나 실수를 하게 마련이란다. 중요한 것은 실수로 끝내는 것이 아니라 실수로부터 무엇을 배우느냐 하는 거야."

"아무리 중요한 교훈을 배운들 무슨 소용이 있어요? 더 이상 기회가 없다면…."

"기회란 개펄의 조개 같은 거야. 눈에 보이지 않더라도 포기하지 않으면 반드시 잡을 수 있어."

눈이 마주치자 수리가 빙긋 웃었다. 놀랍게도 그의 표정은 더없이 편안했다.

"어떻게 이런 상황에서 웃을 수 있죠?"

"그야 행복하기 때문이지."

순간, 티오는 자신의 귀를 의심했다.

"말도 안 돼!"

수리가 다시금 빙그레 웃었다. 그는 잠시 고개를 숙인 채 자신의 하나뿐인 다리를 내려다보았다.

"믿을지 모르겠지만 나는 태어날 때부터 한쪽 다리가 없었단다. 한쪽 다리가 없다는 게 어떤 기분인지 아니?"

티오는 잠시 생각하다가 머리를 흔들었다.

"날아오르기 위해서는 땅을 박차야만 하는데 한쪽 다리만으로는 힘이 부족하다 보니 매번 중심을 못 잡고 볼썽사납게 곤두박질치곤 했지. 그때마다 모두들 깔깔거리며 비웃었어."

"비참했겠네요."

"난 웃음거리가 되는 게 죽기보다 싫었어. 몸이 가벼워지면 쉽게 날아오를 수 있지 않을까 싶어서 마음 독하게 먹고 끼니를 끊었지. 오동통하던 몸이 반쪽이 되었지만 여전히 날아오르는 건 젬병이었어."

티오는 그제야 그의 다리를 유심히 살폈다. 왼발 아랫마디가 날카로운 것에 잘려나간 듯 매끈했다.

"난 우울증에 빠졌고, 비웃음거리가 될 바에야 차라리 죽어버려야겠다고 작정했지. 어떤 방법으로 죽을까 고민하고 있는데 어느 날 할머니가 가까이 부르시더니 이야기를 하나 들려주었지."

옛 기억을 더듬는 걸까. 수리는 고개를 뒤로 젖혀 잠시 허공을 올려다보았다.

"옛날에 인도기러기 한 마리가 있었대. 뚱뚱한 몸매가 너무 싫었던 그는 창조의 신인 브라만을 찾아가, 동물의 왕인 사자로 태어나게 해달라고 졸랐어. 브라만은 흔쾌히 사자로 환생시켜 주었지. 사자로 살아 보니까 이번에는 날개가 없어 갑갑한 거야. 다시 브라만을 찾아가서 독수리로 태어나게 해달라고 간청했어. 브라만이 다시 소원을 들어줘서 독수리로 환생했지. 그토록 원했던 독수리로 태어나 보니 날개가 너무 커서 움직임이 굼뜬 거야. 다시 브라만을 찾아갔고 그는 무려 99가지 동물로 환생했지. 그러나 그 어떤 삶에도 만족을 느끼지 못했어. 브라만은 그가 100번째 찾아오자 마침내 화가 나서 소리쳤어. 너는 네 삶이 만족스런 100가지 이유를 찾아낼 때까지 지렁이로 살도록 해라!"

티오는 가슴이 뜨끔했다. 그 역시 이야기 속의 주인공처럼 현재의 삶에 만족하지 못하고 또 다른 삶을 꿈꾸고 있었던 터였다.

"할머니의 이야기를 듣고 난 후, 나는 더 이상 한쪽 다리가 없다는 사실 때문에 슬퍼하지 않았어. 그 뒤로는 오히려 창조의 신에게 감사했지. 고난을 통해서 삶의 의미를 깨닫게 해준 데 대해."

티오는 수리의 한쪽 다리를 유심히 살폈다. 그의 다리는 다른 기러기의 다리보다 두 배는 굵었다. 하늘로 사뿐히 날아오르기 위해서 얼마나 많은 훈련을 했는지 어렵지 않게 짐작할 수 있었다.

"고난을 통해서 무엇을 배우셨는데요?"

"나는 어리석게도 이 세상의 주인공은 따로 있다고 믿었단다. 잘생긴 데다 강인한 체력을 갖고 있고, 리더십도 있는 이들이 세상의 주인공이고 나는 들러리에 불과하다고. 그런데 고난을 축복으로 받아들이고, 이를 극복해가는 과정에서 생각이 완전히 바뀌었지."

"어떻게요?"

"세상의 주인공은 바로 나야!"

수리의 단호한 말에 티오는 내심 놀랐다. 어떻게 자신을 세상의 주인공이라고 당당하게 말할 수 있단 말인가.

"그럼 저는 들러리라는 건가요?"

"아니! 너도 주인공이야. 네가 고난을 외면하지 않고, 기꺼이 받아들일 수 있는 용기를 지녔다면…."

"무슨 차이죠?"

"여기에 둥지가 하나 있다고 가정해 봐. 그런데 뱀이 둥지 안으로 들어왔다면 그 뱀을 누가 쫓아낼까?"

"그야 물론 둥지 주인이겠죠."

“바로 그거야! 고난이 찾아왔을 때 외면한다면 들러리고, 맞서 싸운다면 주인이야. 나는 처음에는 들러리였지만 고난과 맞서 싸우며 비로소 내 인생의 주인이 된거야.”

티오는 마음속으로 ‘나는 세상의 주인공인가?’ 하고 물었다. 곰곰이 생각하고 있으니 와락 짜증이 났다.

“난 왜 되는 게 하나도 없을까요? 행복하게 살고 싶은데 불행만 연이어 찾아오고….”

“그건 네가 행복을 발견하지 못했기 때문이야. 행복과 불행은 언제나 함께 다니거든.”

“설마….”

“눈치 빠른 이들은 알고 있단다. 행복과 불행은 동전의 양면처럼 앞뒤에 붙어 있다는 것을. 그렇기 때문에 행복이 찾아와서 좋아하다 보면 불행이 아른거리고, 불행이 찾아와서 낙담하다 보면 행복이 아른거리는 거야.”

“말도 안 돼요! 그들이 함께 다닌다면 행복한 이들과 불행한 이들이 반반이어야지 정상 아닌가요? 그런데 왜 세상에는 불행한 이들이 넘쳐나는 거죠?”

“마음이 조급하기 때문이야! 어떤 이들은 또 다른 행복을 찾느라 눈앞의 행복을 외면하고, 어떤 이들은 깊은 절망감에 빠져서 눈앞의 불행이 전부라고 믿어 버리지. 조금만 여유롭게 생각하면 행복을 음미할 수 있고, 눈에 보이는 것만이 전부가 아니라는 것을 알 수 있을 텐데."

티오는 수리의 말이 무슨 뜻인지 얼추 이해는 갔지만 가슴에 와 닿지는 않았다. 티오는 고개를 들고 주변을 둘러보았다. 한순간 '눈 속에 갇혀서 대체 뭐하고 있는 짓인가?' 하는 생각이 들었다. 절로 한숨이 나왔다.

"낙담할 것 없어. 고난은 제대로 된 행복을 만날 수 있는 좋은 기회거든!"

수리는 하나뿐인 발로 점프를 하며 부리로 천장의 눈을 파헤치기 시작했다. 티오가 한쪽에서 묵묵히 바라보고 있으니 수리가 소리쳤다.

"뭐해? 여기서 평생 살 작정이야?"

"나갈 수 있을까요?"

"물론이지!"

확신에 차 있는 수리를 보자 가슴속에서 희망의 불꽃이 피어올랐다. 티오는 수리와 번갈아가며 눈을 파헤쳤다.

⁜

희망의 불꽃은 그리 오래가지 못했다. 눈은 아무리 파내도 끝이 없었다. 체력이 떨어지면서 안개처럼 짙은 절망감이 빠르게 밀려들었다. 그러나 수리는 포기하지 않았다.

"점점 흥미로워지는걸. 이토록 날 힘들게 하다니. 도대체 어떤 행복이 기다리고 있는 걸까!"

수리는 믿기지 않을 만큼 많은 눈을 파냈다. 저토록 작은 몸집으로 어떻게 저런 폭발적인 에너지를 발신할 수 있을까, 의아할 정도로.

숨이 가빠졌고, 점점 일하는 시간보다 쉬는 시간이 늘어났다. 나중에는 체력이 완전히 소진되었는지 움직임이 눈에 띄게 느려졌다.

'다 틀렸어! 눈을 파내는 속도보다 쌓이는 속도가 빠른 게 분명해.'

티오는 눈을 감았다. 좁은 공간에서 꼼짝 않고 있으니 몸이 으슬으슬 떨려왔다. 얼마나 지났을까.

"이리 오렴!"

눈을 뜨니 수리가 양쪽 날개를 활짝 벌리고 있었다. 그의 발아래는 부드러운 털이 수북했다. 티오는 잠깐 눈을 의심했으나 이내 그 털이 어디서 생겨났는지 알 수 있었다. 어미가 알을 낳기 전에 둥지를 만들 때처럼 부리로 앞가슴 털을 뽑아 낸 것이었다. 갑자기 눈물이 핑 돌았다.

"저는 자격이 없어요."

수리가 잠긴 목소리로 말했다.

"괜찮아, 괜찮아."

"저한테 왜 이렇게 잘해주시는 거죠?"

"네가 따뜻하면 나도 따뜻하고, 네가 행복하면 나도 행복하니까."

수리의 부드러운 말이 가시처럼 가슴을 파고들었다. 티오는 고개를 푹 숙인 채 다가갔고, 털 위에 올라앉았다. 수리가 온몸과 날개로 꼭 안아주었다.

"미안해요. 제가 무리에서 이탈하지만 않았어도…."

"괜찮아, 괜찮아."

수리의 품에 안겨 있으니 아늑했다. 둥근 알 속에 있었을 때 이런 기분이었을까. 졸음이 스르르 밀려왔다.

❖

수리의 몸은 빠르게 식어갔다. 죽음을 받아들이기로 작정한 걸까. 수리는 부리로 자신의 깃털을 모두 뽑았다. 이내 바닥에 깃털이 낙엽처럼 수북이 깔렸다.

떨리는 목소리로 수리가 물었다.

"세상에서 제일… 무서운 게 뭔지 아니?"

티오는 잠깐 생각하다가 "무지요!" 하고 대답했다. 그것은

30

티오의 생각이라기보다는 돌아가신 어머니의 생각이었다.

"무지도 아니고… 가난도 아니야. 못 배웠으면 배우면 돼. 가난하면 열심히 일해서 벗어나면 되고…."

"그럼 뭔가요?"

"포기야. 포기하면 더 이상… 기회가 없거든."

죽음을 앞두고 있다고는 믿기지 않을 정도로 수리의 눈에서 맑고 청아한 빛이 뿜어져 나왔다.

"절대로… 포기하지… 마렴. 절대로! 설령 세상이 널 버린다 해도… 네가 먼저 세상을 버려서는… 안 돼!"

수리는 눈을 뜬 채로 숨을 거두었다. 티오는 슬펐지만 울지 않았다. 눈물을 흘릴 기력마저도 남아 있지 않았다. 바닥에 흩어져 있는 깃털을 끌어 모아서 둥지를 만들었다. 둥지에 웅크리고 있으니 수리의 따뜻한 마음이 느껴졌고, 반드시 살아야겠다는 의지가 솟아났다.

◈

졸음이 몰려 왔다. 티오는 습관처럼 소리를 내어 숫자를 세기 시작했다. 대개는 백을 세기 전에 졸음이 가시곤 했다. 그런데 이번에는 좀처럼 졸음이 가시질 않았다.

티오는 숫자를 세다가 잠깐 졸았고, 몇까지 세었는지 잊고 말았다. 정신을 가다듬기 위해 눈을 한입 녹여 먹은 뒤, 처음부터 다시 숫자를 세기 시작했다. 머릿속이 몽롱해지면서 의식이 점점 멀어져 갔다.

— 티오야!

순간, 어디선가 아버지의 음성이 들려왔다. 깜짝 놀라 눈을 뜨고 귀를 쫑긋 세웠다. 정말로 동료들의 음성이 가까운 곳에서 들려왔다.

도대체 몸 안 어느 곳에 그런 힘이 남아 있었던 걸까. 티오는 벌떡 일어나서 목청껏 고함을 질렀다.

"여기예요, 여기!"

시끌벅적한 소리는 점점 가까이 다가왔다.

"살려 주세요!"

마침내 머리 위에서 사각거리는 소리가 들려왔다. 부리로 눈을 파헤치는 소리였다.

티오는 지금까지 눈 속 깊숙이 묻혀 있다고 예상했다. 그런데 놀랍게도 머리 위에 쌓여 있는 눈은 얼마 되지 않았다. 철문처럼 완강하게만 느껴졌던 하늘은 싱거울 정도로 쉽게 열렸다.

'사, 살았어!'

지금까지 봐 왔던 세상이 아니었다. 하늘은 믿기 힘들 정도로 푸르렀다. 그러나 살았다는 기쁨도 잠시였다.

'아! 조금만 더 내가 힘을 냈더라면 조장님도 살 수 있었을 텐데….'

티오는 때늦은 후회를 곱씹으며 밖으로 나갔다. 둘러싸고 있는 인도기러기들을 돌아보았다. 그 어디에도 아버지는 없었다. 자세히 뜯어보니 하나같이 낯선 얼굴들이었다.

"어디서 오시는 거죠?"

대장으로 보이는 자가 대답했다.

"우리는 미얀마에서 출발해 중앙아시아 초원지대로 이동하는 중이란다."

티오는 고개를 끄덕이며 주변을 둘러보았다. 눈발은 언제 그친 걸까. 새하얀 설산은 소금처럼 반짝였고, 하늘은 에메랄드빛이었다. 태양을 올려다보고 있으니 한순간 현기증이 일면서 잊고 있었던 허기가 밀려들었다.

"혹시… 음식을 좀 얻을 수 있을까요?"

그들은 서로 눈빛을 교환했지만 아무도 선뜻 나서지 않았다. 그러자 대장이 뱃속의 음식을 눈 위에다 게워 주었다.

"정말 친절하시군요. 정말 고맙습니다!"

음식의 양은 얼마 되지 않았다. 티오는 맛을 음미하며 천천히 먹었다. 지금까지 먹어 본 그 어떤 음식과도 비교할 수 없었다.

약간의 기력을 회복한 티오는 그들과 함께 이동했다.

'아버지는 날 버렸어! 어떻게 그럴 수 있지? 자식이 눈 속에 묻혀 있는데 매정하게 가 버리다니….'

히말라야를 넘으면서 티오는 아버지에 대해 생각했다.

'아냐! 아버지가 날 버릴 리 없어. 분명 쉼터에서 기다리고 계실 거야!'

티오는 한 가닥 희망을 버리지 않았다.

고작 산을 하나 넘었을 뿐인데도 전혀 다른 세상이 펼쳐졌다. 초원에는 파릇파릇한 잔디가 돋아나 있었고, 들판에는 파란 보리가 파도처럼 출렁거렸다.

해질녘, 강물이 고요히 흐르는 쉼터에 닿았다. 티오는 떨리는 가슴으로 주변을 찬찬히 둘러보았다. 그 어디에서도 인도기러기의 모습은 찾아볼 수 없었다.

시간이 지나감에 따라 마음은 점점 더 어두운 잿빛으로 변해 갔고, 머리는 돌덩이를 올려놓은 것처럼 무거워졌다. 티오는 고개를 푹 숙인 채 강물을 들여다보았다. 슬픔에 젖은 새한 마리가 자신을 바라보고 있었다. 금방이라도 울음을 터뜨

릴 것만 같은 얼굴로.

'난 아버지에게 짐이었어. 애초부터 아버지의 행복한 삶 속에 나는 없었던 거야!'

밤을 꼬박 새며 티오는 아버지에 대한 미련을 강물에 흘려보냈다. 날이 훤히 밝아오자 답답했던 마음도 조금은 후련해졌다.

티오는 작별을 고했다.

"아쉽지만 여기서 헤어져야겠어요."

대장이 물었다.

"아니, 왜? 초원지대에 가면 아버지와 일행을 만날 수 있을 텐데…."

"그 전에 들러야 할 데가 있거든요."

티오는 혼자서 길을 떠났다. 하늘은 구름 한 점 없이 푸르렀다.

'이제부터 나의 삶을 사는 거야. 보란 듯이 행복하게! 그나저나 이제 어디로 가지?'

목적지가 없으니 날개에 힘이 실리지 않았다. 티오는 바람이 떠미는 대로, 구름이 손짓하는 대로 무작정 날아갔다.

2

봄비가 내렸다.

빗줄기가 점점 굵어졌다. 티오는 비를 피해 처마 밑으로 들어갔다. 비둘기 한 마리가 잿빛으로 물든 하늘을 묵묵히 올려다보고 있었다. 티오는 가볍게 홰를 쳐서 빗방울을 털었다.

"잠깐, 실례!"

비둘기는 하늘을 응시한 채 가볍게 고개를 끄덕였다. 몸짓이나 눈빛이 지금까지 보았던 비둘기와는 완전히 달랐다. 오랜 세월 떠돌아다녔는지 깃털은 먼지로 뒤덮여 있었지만 범접할 수 없는 기품 같은 것이 느껴졌다.

티오는 그를 훑어보다가 발목에 비닐로 싸인 종이가 묶여 있는 것을 발견하였다. 오래 되었는지 비닐은 군데군데 떨어져 나갔고, 종이는 누렇게 빛이 바래 있었다.

"그건 뭐야?"

비둘기는 발목을 슬쩍 내려다보고는 덤덤하게 말했다.

"편지."

"편지? 누가 누구에게 보내는 거야?"

"주인님이 친구 분에게."

"무슨 내용인데?"

비둘기가 어깨를 한 번 으쓱했다.

"몰라! 난 전서구거든."

"전서구?"

"일종의 우편배달부야."

티오는 고개를 끄덕였다. 우편배달부라면 편지 내용까지 알 필요는 없으리라. 하나의 궁금증이 풀리니 또 다른 궁금증이 고개를 들었다.

"편지가 꽤 오래 된 것 같은데 왜 여태 배달을 못한 거야?"

비둘기가 힘없이 고개를 숙였다.

"편지를 받아야 할 친구 분이 이사 갔거든."

"그럼 주인에게 돌아가면 되잖아?"

그러자 비둘기가 머리를 꼿꼿이 치켜들었다.

"그럴 수는 없어!"

"왜?"

"이 일은 내가 선택한 거야! 한 번 선택했으면 최선을 다해야 해. 안 그러면 선택 자체를 후회하게 되거든."

티오는 혼란스러웠다.

"주인에게 길들여진 게 아니고 너 스스로 선택한 거라고?"

"비둘기를 길들인다고 해서 모두 전서구가 되는 건 아냐. 주인이 아무리 안간힘을 써도 우리가 선택하지 않으면 그뿐이야!"

비둘기는 자신의 선택에 자부심을 갖고 있었다.

"집을 나선 지 얼마나 됐어?"

"이 년."

"와아! 이 년이나 찾아다녔으면 최선을 다했네! 이제 그만 돌아가."

"이건 이미 시작한 일이야. 시작한 일은 어떤 식으로든 끝을 보는 게 나의 방식이야!"

비둘기는 그 무엇도 결심을 바꿀 수 없다는 듯이 부리를 굳게 다물었다.

빗방울이 가늘어진다 싶더니 문득, 멎었다. 날이 개자 비둘기가 먼저 날아올랐다. 비록 오랜 여행으로 힘찬 날갯짓은 아니었지만 자신에 대한 자부심이 느껴지는 비행이었다. 티오는 점점 멀어져가는 비둘기의 뒷모습을 부러운 눈길로 바라보았다.

'다들 열심히 살아가고 있구나. 저마다 행복을 찾아서…. 그런데 나의 행복은 도대체 어디 있는 걸까?'

산 중턱쯤 왔을 때였다. 후두두 빗방울이 쏟아지는가 싶더니 세찬 바람이 불어왔다. 수많은 새들이 무언가에 쫓기듯이 허둥지둥 날아올랐다.

"어딜 그리 급히 가는 거야?"

티오의 물음에 도요새가 뒤도 돌아보지 않고 말했다.

"빨리 달아나! 외눈박이 괴물이 쫓아오고 있어!"

티오는 놀라서 뒤를 돌아보았다. 하늘은 온통 먹구름으로 뒤덮여 있었다. 어디선가 거인의 쿵쿵거리는 발자국 소리가 들려오는 듯했고, 들판 저 너머에서는 머리를 풀어헤친 듯한 거대한 회오리바람이 일고 있었다.

'저게 외눈박이 괴물인가?'

회오리바람은 주변의 모든 것들을 빨아들이며 빠른 속도로 다가왔다. 나무가 뿌리째 뽑혀 허공으로 떠올랐고, 멀쩡했던 집이 순식간에 흔적도 없이 사라졌다.

티오는 겁에 질려서 도요새의 뒤를 따라갔다. '외눈박이 괴물'의 속도는 예상보다 빨랐다. 귀청이 찢어질 것만 같은 굉음과 함께 순식간에 덮쳐왔다. 주변이 온통 시꺼멓게 변하면서 거센 빗줄기가 쏟아졌다. 몸이 의지와는 상관없이 어디론가 떠밀려갔다.

얼마나 지났을까.

티오가 정신을 차리고 보니 바다 위였다. 머리 위로 먹구름이 빠른 속도로 떠내려가고 있었고, 발아래서는 산처럼 거대한 파도가 출렁거렸다. 태풍에 휘말려 죽은 새들이 바다 위에 새까맣게 떠 있었다.

한순간, 잿빛 하늘을 가르며 번개가 떨어졌다. 번개는 산불처럼 빠르게 번졌다. '쾅!' 하는 굉음과 함께 번개가 떨어지며 주변이 환하게 밝아올 때마다 심장이 얼어붙는 것만 같았다. 티오는 목을 잔뜩 웅크린 채 빠르게 날개를 저었다.

바람이 잠잠해졌다. 주변을 에워쌌던 어둠이 가시자 지겹게 퍼붓던 비도 그쳤다. 외눈박이 괴물이 삼켜버린 줄로만 알았던 태양이 슬며시 모습을 드러냈다.

주변을 둘러보았다. 그 많던 새들은 모두 어디로 간 걸까. 티오는 바다 위를 홀로 날아가고 있었다. 머릿속은 온통 쉬고 싶은 생각뿐인데 그 어디에도 쉴 만한 곳은 보이지 않았다.

가도 가도 수평선뿐이었다. 며칠 동안 먹지도 못하고 자지도 못했더니 머릿속이 멍했다. 티오는 쏟아지는 졸음을 이기기 위해 숫자를 세었다.

수많은 낮과 밤이 날개깃 사이로 빠져나갔다. 머릿속에서는 언제부터인가 눈이 내리기 시작했다. 생각은 하얀 눈으로 빠르게 뒤덮였고, 어느 순간부터 아무 생각도 나지 않았다.

'이제 다 끝났어! 나의 생은 여기까지인 거야.'

티오는 끈덕지게 붙들고 있던 삶에 대한 미련을 놓아버렸다. 지친 날개를 쉬게 하기 위해 바다에 내려앉으려는 순간, 배 한 척이 눈앞에서 아른거렸다.

'환영이겠지?'

파도 위에 내려앉으려던 티오는 이내 마음을 바꿨다. 속는 일이 있더라도 확인해보고 싶었다.

마지막 힘을 쥐어짜서 앞서 가는 배를 따라잡았다. 가까이 다가가자 점점 배의 모습이 선명하게 드러났다. 놀랍게도 거대한 여객선이었다. 수많은 사람들이 갑판에 나와서 바람을 쐬고 있었다.

'아, 살았다!'

티오는 갑판에 내려앉았다. 기운이 없어서 죽은 듯이 누워 있으니 사람들이 옆을 스쳐 지나갔다. 대다수가 흘낏 쳐다볼 뿐 더 이상 관심을 보이지 않았다.

안도감과 함께 졸음이 쏟아졌다. 잠든 지 얼마 지나지 않은 것 같은데 무언가 몸을 세차게 흔들어댔다. 만사가 귀찮았지만 마지못해 눈을 떴다. 소년 둘이 내려다보고 있었다.

"어? 살아 있네!"

한 소년이 발로 옆구리를 툭툭 찼다. 그러나 기력이 쇠진할 대로 쇠진해서 피할 수도, 달아날 수도 없었다. 별다른 반응을 보이지 않자 용기를 얻었는지 소년이 날갯죽지를 잡고 번쩍 들어올렸다.

"새들도 헤엄칠 수 있을까?"

"글쎄? 한번 던져 봐."

아이들이 갑판 끝으로 다가갔다. 여객선은 바다를 가르며 달리고 있었다. 배가 지나간 자리마다 거대한 파도가 출렁거렸다. 소년이 잡고 있던 손을 놓았다. 티오의 몸은 마치 쓰레기 더미처럼 추락했고, 이내 바닷물에 처박혔다.

마지막 희망이었던 여객선이 점점 멀어져 갔다. 출렁이는 파도에 가만히 누워 있으니 까닭 모를 눈물이 주르륵 흘러내렸다.

어디선가 수리의 목소리가 들려왔다.

— 절대로… 포기하지… 마렴. 절대로! 설령 세상이 널 버린다 해도… 네가 먼저 세상을 버려서는… 안 돼!

순간, 살아야겠다는 오기가 뱃속에서 불끈 치밀어 올랐다.

티오는 몸을 추슬렀고, 바닷물을 박차고 날아올랐다. 세찬 맞바람이 불어왔지만 머릿속은 오로지 여객선을 따라잡아야 한다는 생각뿐이었다.

여객선과의 거리는 좀처럼 좁혀지지 않았다. 생각다 못한 티오는 혼신의 힘을 다해서 하늘 높이 올라갔다. 세찬 바람 때문에 뼈마디가 부스러지는 것만 같았다.

위에서 내려다보니 여객선이 장난감처럼 보였다. 티오는 매가 먹이를 노리듯 빠르게 여객선을 향해 떨어져 내렸고, 가까스로 갑판에 내려앉을 수 있었다.

숨을 헐떡이고 있으니 검은 고양이 한 마리가 살금살금 다가왔다. 꼬리는 뻣뻣하게 세우고 몸을 잔뜩 웅크린 채로. 파란 눈동자는 이렇게 소리치고 있었다.

'여기는 내 구역이야! 좋은 말로 할 때 꺼져!'

티오는 파란 눈동자를 피해 선실 지붕 위로 날아올랐다. 눈앞이 깜깜해지는가 싶더니 뚝 의식이 끊겼다.

다시 눈을 떴을 때는 한밤중이었다. 굵은 장대비가 온몸을 사정없이 두드리고 있었다. 목을 길게 빼고 갑판을 내려다보았다. 사람들도, 고양이도 보이지 않았다.

더없이 좋은 기회였다. 티오는 훌쩍 뛰어서 갑판으로 내려갔다. 먹을 것을 찾아 정신없이 돌아다니다 보니 빗물에 퉁퉁

불은 과자 부스러기가 보였다.

　망설이다가 과자 부스러기를 조심스럽게 주워 먹었다. 과자는 해초보다 부드러웠다. 그런데 이상하게도 자꾸만 목이 메어왔다. 티오는 수시로 고개를 들어 비 내리는 깜깜한 밤하늘을 올려다봐야만 했다.

2
이곳에 만족하는가

포기 - 너무 성급히 안락한 삶에 주저앉지 마라

4

항구는 갈매기들의 천국이었다. 여객선은 오랜 항해 끝에 육지에 닿았다. 승객들은 짐을 들고 배에서 내려 뿔뿔이 흩어졌다. 기력을 회복한 티오는 힘차게 하늘로 날아올랐다.

바다를 항해하는 동안, 도대체 육지에서는 무슨 일이 있었던 걸까. 익숙히 보아왔던, 예전부터 알던 세상이 아니었다. 하늘 빛깔이 달랐고, 공기가 달랐고, 피부에 와 닿는 바람이 달랐다. 그뿐 아니었다. 사람들의 생김새가 달랐고, 숲은 낯설었으며 처음 보는 동물도 많았다.

'여기가 어디일까?'

키 큰 나무들이 빽빽하게 들어찬 숲을 지나자 파란 강줄기가 보였다. 수많은 연어들이 강물을 거슬러 오르고 있었다. 강 중앙에는 무시무시하게 생긴 흑곰이 떠억 버티고 있었다. 그러나 연어들은 조금도 두려워하지 않고 용감하게 돌진했다. 거센 물살과 흑곰을 뚫고서 질주하는 연어 떼를 보고 있으니 가슴이 뜨거워졌다.

'저들은 어디로 가고 있는 걸까?'

아마 연어에게도 목적이 있으리라. 목적이 없다면 온몸을 내던져가며 강을 거슬러 오를 이유가 없었다.

'목적이 있다는 건 행복한 삶이야!'

티오도 연어처럼 하나의 목표를 갖고 싶었다. 하늘 높이 날아올라 주변을 휘둘러보았다. 경치가 아름다운 곳은 많았다. 그러나 그를 꼭 필요로 하며 부르는 곳도, 반드시 가야 할 곳도 없었다.

※

티오는 새로운 생활에 적응하지 못했다. 하나씩 흥미를 잃어가면서 삶에 대한 의욕도 꺾였다. 눈에는 보이지 않았지만 그는 매일 조금씩 죽어가고 있었다. 중심을 잃은 나무가 서서히 쓰러지듯이.

가장 큰 적은 외로움이었다. 외로움은 꿈과 희망을 갉아먹

으며 빠르게 몸집을 불려갔다. 티오는 낯선 대륙을 헤집고 다니며 동료를 찾아다녔다. 그러나 인도기러기는 단, 한 마리도 보이지 않았다.

배회하던 티오가 정착한 곳은 강 하구였다. 자작나무 숲으로 둘러싸인 그곳은 철새들의 서식지였다. 티오는 수많은 철새들 틈바구니에서 외로움을 달랬다. 예전에는 몰랐던, 정겨운 가족의 일상을 부러운 눈길로 훔쳐보면서.

가을은 짧았다. 날씨가 쌀쌀해지자 철새들이 무리지어 이동하기 시작했다. 두루미 떼가 떠나갔고, 고니 떼가 물을 박차고서 요란한 울음과 함께 날아갔다. 회색기러기 떼마저 질서 정연하게 하늘 저편으로 사라졌다.

티오는 다시금 외톨이가 되었다. 가뜩이나 넓은 강 하구가 갑자기 열 배쯤은 더 넓어진 듯했다. 티오는 수시로 태양을 올려다보았다. 고향까지의 거리를 가늠하기 위함이었다. 계산하고 또, 계산해 보았지만 엄두가 나지 않았다. 고향으로 돌아가려면 바다를 건너야 했다. 모든 새들이 그러하듯이 티오는 경험을 신뢰했고, 경험을 통해서 알고 있었다. 태평양을 건너기란 불가능하다는 것을.

'포기하자. 이제 돌아간다고 뭐가 달라지겠어!'

체념하고 나니 겨울이 빠르게 찾아왔다. 강물은 가장자리부터 얼어붙기 시작했다. 산등성이를 단숨에 달려 내려온 겨울바람이 늑대처럼 날카로운 이빨을 드러내며 숲을 사납게 할퀴고 지나갔다. 겁에 질린 자작나무가 비명을 질러댔다. 티오는 깃털 깊숙이 목을 감추고 눈을 감았다.

어느 날, 오래도록 비어 있던 하늘가에 기러기 한 마리가 나타났다. 기러기는 단숨에 숲을 넘어 강 하구로 날아왔다. 검고 긴 목에 흰 뺨을 지닌 캐나다기러기였다.

캐나다기러기는 티오의 깃털을 유심히 살폈다.

"와우! 스타일 죽이는데."

"고마워. 그런데 넌 왜 겨울을 나러 가지 않은 거야?"

"귀찮아서."

캐나다기러기가 대수롭지 않다는 듯이 어깨를 으쓱였다. 티오는 고개를 끄덕였다. 전에 비슷한 생각을 했던 적이 있어서 그 마음을 잘 알았다.

"넌 처음 보는데 어디서 왔니? 별나라?"

"아니."

"그럼 얼음궁전?"

"틀렸어. 난 바다 건너에서 왔어."

"태평양을 건너왔단 말이지? 와우, 대단한데!"

“뭐, 대단할 것까지는 없어. 내가 선택한 건 아니니까.”

“그럼?”

“이야기하자면 길어. 운명의 장난이었다고나 할까?”

이번에는 캐나다기러기가 그 심정을 잘 안다는 듯이 고개를 끄덕였다.

“운명은 가끔씩 우리를 외톨이로 만들곤 하지.”

해가 설핏 기울자 강물 위로 산 그림자가 길게 드리워졌다. 티오의 마음에도 그늘이 드리웠다.

캐나다기러기가 낯빛을 살피며 물었다.

“그런데 왜 이렇게 풀이 죽어 있어?”

티오는 솔직하게 대답했다.

“갈수록 사는 게 힘들어. 예전에도 편하게 살았던 건 아니지만 이렇게까지 빡빡하지는 않았거든.”

“그건 네가 세상 사는 요령을 모르기 때문이야.”

“요령?”

“어차피 하루를 사는 건데 힘들게 살 필요가 뭐 있어?”

“그야 그렇지!”

캐나다기러기가 행여 바람이 들을 새라 목소리를 낮췄다.

“내가 편하고 우아하게 사는 방법을 알려줄까?”

“정말?”

"동물의 천국에 들어가는 거야!"

"거기가 어떤 곳인데?"

"그곳에 가면 환상적인 삶을 살 수 있어! 번거롭게 먹이를 찾아 헤매지 않아도 돼. 끼니때마다 맛있는 음식을 갖다 바치거든. 그뿐인 줄 알아? 밤마다 늑대나 코요테가 기습해 올까 두려움에 떨지 않아도 된다고."

"왜?"

"인간들이 안락한 잠자리를 제공하는 데다 밤새 보초까지 서 주거든. 게다가 아프면 정성껏 치료해주고, 죽으면 성대하게 장례까지 치러 준다니까!"

티오는 귀가 솔깃했다.

"정말 그런 곳이 있단 말이야?"

"생각만 해도 신나지?"

"그렇긴 한데… 믿기지가 않아."

"어째서?"

"그렇게 좋은 곳이 있다면 왜 너는 가지 않은 거지?"

"나도 가고 싶어! 하지만 유감스럽게도 나는 받아주질 않거든."

"아니, 왜?"

"나 같은 새는 흔하니까. 그곳은 희귀한 동물만 들어갈 수 있는 곳이야! 아마 너라면 충분히 받아줄 거야.”

“잘 모르는 모양인데, 난 네가 생각하는 것처럼 그렇게 희
귀한 새가 아냐.”

“네가 전에 살았던 곳에서는 지극히 평범한 새였다고 해도
상관없어! 중요한 건 과거가 아니라 현재니까. 내가 볼 때 너
는 아주 특별해! 스타일도 죽이고, 기품도 있고…. 너 정도라
면 충분히 자격이 있어.”

캐나다기러기의 말을 듣고 나니 마음이 동했다.

“좋아, 한번 가보자!”

티오는 캐나다기러기와 함께 ‘동물의 천국’ 으로 향했다.
산을 넘고 강을 건너자 커다란 마을이 나왔다. 동물의 천국은
마을과 외따로 떨어진 산비탈 아래 자리하고 있었다.

캐나다기러기가 허공을 천천히 날며 말했다.

“여기가 바로 세상 모든 동물들이 앞다퉈 들어오기를 소원
하는 천국이야.”

티오는 천천히 천국을 둘러보았다. 여러 종류의 동물이 살
고 있었는데 티오가 처음 보는 동물도 많았다.

“새의 낙원은 바로 저기야! 네가 앞으로 지낼 곳이지.”

낙원은 거대한 그물로 뒤덮여 있었다. 티오는 그물을 보자
겁이 더럭 났다. 그물은 인간이 동물을 생포할 때 사용하는

도구라는 것을 알기 때문이었다.

"모두 인간에게 사로잡힌 거 아냐?"

"사로잡힌 것은 새들이 아니라 인간이야! 새들의 아름다운 목소리와 날개에 마음을 온통 빼앗기고 말았지!"

아닌 게 아니라 그 어디에서도 긴장감은 찾아볼 수 없었다. 인간들은 환하게 웃으며 수다를 떨었고, 새들도 안정감 있는 목소리로 대화를 나눴다.

낙원을 살펴보던 티오가 중얼거렸다.

"이상해."

"뭐가?"

"좋은 곳이라는 건 알겠는데 왜 내키지 않는 걸까?"

"그건 말이지, 네가 그동안 불행하게 살아왔다는 증거야. 갑작스레 찾아온 행복이라 도무지 믿기지 않는 거지!"

곰곰이 생각해보니 그의 말이 맞는 것 같았다.

"행복은 유난히 춥고 긴 겨울 뒤에 찾아오는 봄날 같은 거야. 기다릴 때는 오지 않다가 어느 날 문득, 눈앞에 나타나 놀라운 기쁨을 안겨주곤 하지. 지금이 기회야! 놓치면 아마 평생 후회할걸."

캐나다기러기의 말이 가슴을 뒤흔들었다. 티오는 결정을 내렸다.

“좋아! 저 안으로 들어가기 위해서는 내가 뭘 해야 하지?”

“가까이 와 봐.”

캐나다기러기가 귀엣말로 ‘새의 낙원’으로 들어갈 수 있는 방법을 알려 주었다. 티오는 그가 일러준 대로 새장을 드나드는 문 앞에서 서성였다. 목을 꼿꼿이 치켜들고 최대한 우아한 걸음으로.

관람객들이 티오를 신기한 듯이 바라보았다. 한 아이가 과자를 던져 주었다. 몹시 배가 고팠던 터라 주는 대로 받아먹었다. 그러자 아이가 용기를 얻었는지 다가왔다. 티오는 재빨리 뒷걸음쳤다. 여객선에서 아이들의 잔인성을 경험했기 때문이었다.

얼마나 지났을까. 사육사 두 명이 허둥거리며 달려왔다. 캐나다기러기가 예언한 대로 등 뒤에서 살금살금 다가오더니 그물을 던졌다. 티오는 피할 수 있었지만 피하지 않았다.

“잡았다!”

티오가 하늘을 올려다보았다. 캐나다기러기가 날개를 흔들며 작별 인사를 했다. 그는 머리 위를 한 바퀴 빙글 돌고는 하늘 저편으로 사라졌다.

젊은 사육사가 눈을 맞추며 물었다.

“어떻게 새장을 빠져나왔니?”

5

동물원 생활은 만족스러웠다. 캐나다기러기의 말처럼 '새의 낙원'은 무엇 하나 부족함이 없었다. 충성스러운 사육사들이 매일 훌륭한 음식을 실어 날랐고, 천적들이 침입할 수 없는 잠자리는 구름처럼 아늑했다.

동물원은 바깥세상과 독립된 별개의 세계였다. 그곳에는 같은 종족인 인도기러기가 여러 마리 있었다. 그들의 관심사는 동물원이 전부였다. 바깥세상에 대해서는 아는 것도 없었고, 알려고 하지도 않았다. 처음에는 이상했는데 시간이 지나면서 티오도 점차 고향이라든가 강과 숲속 등 바깥세상에 대해 흥미를 잃어갔다. 대신 다른 새들처럼 동물원 식구의 일상은 물론이고, 사육사의 사생활까지 훤히 꿰게 되었다.

시간은 달팽이처럼 느릿느릿 지나갔다. 티오는 무료함을 극복하기 위해 시간을 빨리 보내는 방법을 터득했다. 미래에 대해서는 가급적 생각하지 않았고, 심각한 문제에 부딪치면 모든 걸 운명으로 받아들이고 수용했다. 과거를 추억하거나 이런저런 공상을 하는 데 많은 시간을 할애했다. 동료들과 수다를 떨 때는 너무 깊이 몰입한 나머지 별것도 아닌 일로 흥분했다.

그럼에도 불구하고 가끔씩 '내가 정말로 행복한 걸까?' 하는 의문이 들 때가 있었다. 그럴 때면 주문을 외우곤 했다.

"행복하고말고! 눈 속에 갇혀 있던 때를 벌써 잊은 거야? 그럼 기력이 쇠진해 바다 위를 헤매던 때를 떠올려보라고! 지금보다 더 큰 행복을 바라다니, 욕심이 지나친 거 아냐?"

주문은 그 즉시 효과가 나타났다. 그러나 가끔씩은 주문도 먹히지 않을 때가 있었다. 여전히 가슴이 답답할 때는 기분을 바꾸기 위해서 잠을 잤다.

폭포에서 떨어지는 물처럼 이 년이 순식간에 지나갔다. 티오는 이곳에도 저항 세력이 있다는 사실을 알게 되었다.

대표적인 투사는 인도네시아 밀림지대에서 잡혀 온 아나콘다였다. 그는 고향으로 보내달라며 이 년째 단식 투쟁을 벌이고 있었다. 몸이 극도로 쇠약해지자 사육사들은 강제로 입을 벌리고 음식물을 투입하기도 했으나 아나콘다는 모두 토해냈다. 그러자 사육사들은 작전을 바꿔서 영양제를 놓았다. 이 주일마다 꼬박꼬박 영양제를 맞음에도 불구하고 그는 여전히 꼼짝하지 않았다. 아마도 영혼이 육신을 빠져나와서 고향으로 돌아갔기 때문이리라.

관람객 앞에서 물 위를 걷는 쇼를 해왔던 도마뱀 바실리스크는 석 달째 파업 중이었다. 그의 요구 조건은 결혼 적령기가 됐으니 신부를 맞게 해달라는 것이었다. 그러나 사육사들은 그의 말을 못 알아들은 건지, 알면서도 모르는 척하는 건지 별다른 조치가 없었다. 도리어 쇼를 계속하지 않으면 먹이를 주지 않겠노라고 협박했다. 바실리스크는 요구 조건이 받아들여질 때까지 피업을 철회하지 않겠노라고 선언했다.

"파충류는 고집이 너무 세!"

낙원의 새들은 하나같이 어리석은 투쟁이라며 머리를 절레절레 흔들었다. 그러나 티오는 어렴풋이나마 그들을 이해할 수 있을 것 같았다. 아나콘다와 바실리스크는 비록 몸이 고단하더라도 선택받는 삶이 아니라 선택하는 삶을 살고 싶은 것이리라.

'나의 선택은 최선이었을까?'

티오는 '한 번 선택했으면 최선을 다해야 선택 자체를 후회하지 않는다' 는 비둘기의 말을 떠올렸다.

'돌이키기에는 너무 늦었어. 나는 나의 선택을 믿어야 해!'

날이 갈수록 동물원의 좋은 점과 나쁜 점이 또렷하게 보였다. 티오는 그럴수록 나쁜 점은 철저히 외면한 채 좋은 점만 바라보려고 노력했다.

그러던 어느 날, 동물원이 발칵 뒤집히는 사건이 일어났다. 삼 년 동안 꾸준한 사랑을 받으며 동물원의 톱스타 자리를 지켜왔던 매가 관람객 앞에서 쇼를 하는 도중, 눈앞의 먹이를 외면한 채 하늘 높이 날아가 버렸다. 사육사가 마이크를 들고 목에서 피가 나도록 휘파람을 불었지만 두 번 다시 돌아오지 않았다.

티오는 매가 날아간 파란 하늘을 오래도록 올려다보았다. 날갯죽지가 가려워지면서 모처럼 만에 날고 싶다는 욕구에 사로잡혔다.

'어쩌면 여기는 진정한 낙원이 아닐지도 몰라!'

봄날처럼 어느날 문득 찾아왔던 행복은 하늘 위로 날아간 매와 함께 행방을 감추고 말았다. 붙들기 위해서 그토록 안간힘을 썼음에도 불구하고.

마음이 무거워졌고, 자신이 한없이 초라하게만 느껴졌다. 몹시 울적해 있는데 행복과 불행은 동전의 양면과 같다는 수리의 말이 생각났다. 티오는 행복과 얼굴을 마주하기 위해서 목청껏 소리쳤다.

"난 행복해! 지난날들을 모두 잊은 거야? 난 지금 행복에 겨워서 투정을 부리고 있는 거라고!"

갑자기 까닭 모를 눈물이 주르륵 흘러내렸다. 그렇게 소리 죽여 울다가 고개를 들었다. 낙원은 사라지고 눈앞에 보이는 건 촘촘한 그물뿐이었다.

여름이 끝나갈 무렵이었다. 사육사가 털이 듬성듬성 빠지고, 삐쩍 마른 인도기러기 한 마리를 품에 안고 들어왔다.

"새 식구야. 사이좋게 지내도록 해!"

사육사가 조심스럽게 기러기를 내려놓고 돌아섰다.

왠지 낯이 익었다. 티오는 유심히 살피다가 혹시나 싶어서 바투 다가갔다. 그러자 저편에서 깜짝 놀라며 소리쳤다.

"티오?"

혹시나 했는데 삼촌이 맞았다. 티오는 너무 반가운 나머지 가슴이 터질 것만 같았다.

"삼촌이 여긴 어떻게…."

"티오, 살아 있었구나!"

그들은 눈물을 글썽이며 반가움의 인사를 나눴다. 홰를 치면서 허공에서 몸을 부딪쳤고, 목을 길게 빼고 빙글빙글 돌면서 기쁨의 함성을 질렀다.

삼촌이 물었다.

"그동안 널 얼마나 찾아다녔는지 아니?"

"저를요?"

의외였다. 아버지에게는 물론이고, 다른 동료들에게조차도

까맣게 잊혀졌을 거라고 생각했는데.

"이동 도중 네가 보이지 않자 수리가 찾아나섰어."

티오는 고개를 끄덕였다. 수리의 죽음을 생각하자 마음이 아팠다.

"그런데 믿었던 수리마저 돌아오지 않자 형님은 괴로워하셨어. 너도 알다시피 형님에게는 두 가지 의무가 있거든. 자신을 따르는 무리를 무사히 중앙아시아 초원지대로 데려가야 하는 대장으로서의 의무와 자식을 보호해야 하는 아버지로서의 의무!"

잊고 있었던 아버지에 대한 섭섭함이 되살아났다. 티오가 조롱하는 투로 말했다.

"물론, 힘들어 하셨겠죠. 대를 위해서 어쩔 수 없이 소를 희생해야 한다는 결정을 내리기 전까지…."

"그렇지 않아! 형님은 가정의 행복을 무엇보다 중시 여기는 분이셔. 가정의 행복 없이 자신의 행복은 무의미하다고 입버릇처럼 말씀하셨지."

티오는 '그런 분이 어떻게 어머니의 죽음에는 그토록 무심할 수 있었던 거죠?' 하고 물으려다가 그만두었다. 오래된 상처를 후벼봤자 고통스러운 건 삼촌이 아니라 자신이었다.

"네가 실종되자 형님은 넋이 나갔어. 순식간에 십 년은 늙은 듯이 보였단다. 형님은 회의를 소집했고, 너를 찾으러 가기 위해 대장 자리에서 물러나겠노라고 선언했어. 그러자 간부들이 일제히 만류했지. 형님처럼 현명하고 통솔력 있는 지도자는 흔치 않거든. 간부들은 머리를 맞대고 논의한 뒤, 형님이 대장 자리에서 물러나지 않는다면 힘을 합쳐서 너를 찾아주겠노라고 약속했어.”

회의 광경을 떠올리는 것은 어렵지 않았다. 중앙에서 머리를 푹 숙이고 있는 아버지와 당황해 하고 있는 간부들의 모습이 보였다.

“긴 회의 끝에 너를 찾기 위한 수색대가 편성됐어. 건장한 새들로 십 개조를 구성해서 히말라야 일대를 샅샅이 뒤졌지만 흔적도 발견할 수 없었어.”

티오는 무척 놀랐다. 이동 도중에 수색대를 조직하여 누군가를 찾는 일은 아주 위험한 일이었다. 이동에 사용하려고 축적해 둔 에너지를 엉뚱한 곳에 사용해 버리면, 목적지에 도달하기 전에 굶어 죽을 수도 있기 때문이다.

“형님은 어쩔 수 없이 무리를 이끌고 이동을 계속해야 했지. 목적지에 도착하니 아름답고 평화로운 봄이 우릴 기다리고 있었어. 초원에는 싱그러운 풀들이 돋아나 있었고, 강에는 맑고 시원한 물이 쉼 없이 흘러내렸지. 다들 웃고 수다를 떨며 행복한 시간을 보냈지만 형님만은 예외였어. 풀잎 하나 당신 입안에 넣지 않았고, 물 한 모금 마시지 않더군. 행여 네가 찾아올까봐 종일토록 먼 하늘만 올려다보셨어."

히말라야의 눈과 함께 마음속 깊숙한 곳에 묻어버렸던 '아버지'라는 존재가 꿈틀거리며 모습을 드러내려 했다.

'아버지가 그럴 리 없어! 모두 삼촌이 꾸며낸 이야기야.'

티오는 약해지려는 마음을 다잡았다.

"그러다 우연히 미얀마에서 온 친구들을 만났고, 히말라야를 넘다가 눈 속에 파묻혀 있던 너를 구해줬다는 소식을 들었지. 형님은 당장 너를 찾아 나서려고 했어. 그런데 내가 만류했어. 왠줄 아니?"

티오는 부리를 꼭 다문 채 고개를 좌우로 흔들었다.

"형님을 보냈다가는 두 번 다시 보지 못할 것 같더라. 기력이 예전 같지 않았거든."

"기력이요?"

믿을 수가 없었다. 아버지는 다른 기러기보다 몸집도 훨씬 큰 데다 체력 또한 남달리 뛰어났기 때문이었다.

"너를 잃고 나서 기력이 급속도로 쇠약해진 거야! 도통 먹지를 않았으니…."

갑자기 목이 간질간질해지면서 코끝이 알싸해졌다. 티오는 짐짓 아무렇지도 않은 척, 나뭇가지를 옮겨 다니며 장난치고 있는 앵무새 부부를 올려다보았다.

"한사코 찾아 나서겠다는 형님을 가까스로 달랬지. 무슨 일이 있더라도 내가 반드시 찾아올 테니 걱정 말라며…. 형님과의 약속을 지키기 위해 정말이지 안 가본 곳이 없단다. 그런데 이런 곳에서 널 만나다니…."

삼촌은 고생스러웠던 지난 날들이 생각나는지 눈물을 글썽였다.

'아, 아버지가 날 버린 게 아니었구나!'

티오의 마음속 깊은 곳에 만년설처럼 쌓여 있던 아버지에 대한 원망이 조금씩 녹아내렸다.

❖

티오는 낮에는 동료들과 떨어져서 지냈다. '새들의 낙원'에서 제일 높은 나뭇가지에 올라앉아 오래도록 하늘을 올려다보았다. 파란 하늘을 훨훨 날아가는 새들의 몸짓을 눈으로 좇고 있으면 발목을 부드럽게 휘감고 흐르는 갠지스 강과 눈 덮인 히말라야의 고봉들이 한 폭의 그림처럼 머릿속에 펼쳐졌다.

'아, 고향 하늘을 마음껏 날 수 있다면 얼마나 좋을까?'

그러나 밤이 되면 마음이 바뀌었다. 깜깜한 어둠 속에서 들려오는 동물들의 포효는 그들의 날카로운 어금니를 연상시켰다. 티오는 겁이 나서 슬그머니 동료들 틈으로 파고들었다.

'바깥세상은 위험해! 하늘에는 독수리가 호시탐탐 노리고 있고, 숲에는 피에 굶주린 들짐승들이 눈을 번뜩이고 있잖아. 어디 그뿐이야? 방심하다가는 독극물이 묻은 음식을 먹을 수도 있고, 재수 없으면 사냥꾼의 엽총에 맞을 수도 있어. 혹독한 추위나 무더위, 폭풍과도 싸워야 하고…. 그런 위험이 없는 이곳이야 말로 진정한 낙원이야!'

어둠 속에서 움츠리고 있으면 자유에 대한 갈망은 스르르 흔적을 감추었다. 그러나 어둠이 가시고 아침이 밝아오면 티오는 다시금 제일 높은 나뭇가지 위로 날아올라 푸른 하늘을 올려다보았다.

삼촌은 관람객이 드나드는 출입문 앞에서 두 달 남짓한 시간을 보냈다. 그러던 어느 날, 삼촌이 바로 옆의 나뭇가지에 날아와 앉았다.

"바깥세상에 나가고 싶니?"

티오는 아무 말도 할 수 없었다. 조금만 더 일찍 물었더라면 '네!' 라고 확실하게 대답했을 테고, 조금만 더 늦게 물었더라면 '아니요!' 라고 대답했을 텐데, 때마침 노을이 지고 있었기 때문이다.

삼촌이 다시 물었다.

"이곳 생활에 만족하니?"

티오는 곰곰이 생각해 보았지만 결론을 내릴 수가 없었다. 만족스러운 것 같기도 했고, 아닌 것 같기도 했다.

"그럭저럭."

그러자 삼촌은 한동안 티오의 눈동자를 들여다보았다. 속마음을 모조리 읽고야 말겠다는 듯이.

"길들여졌구나. 이곳 생활에 길들여졌어."

티오는 삼촌의 말에 반발했다.

"길들여진 게 아니라 적응한 거죠. 살아남기 위해서….."

"그래? 그렇다면 다행이고. 하지만 경계의 끈을 놓아서는 안 돼!"

"왜죠?"

"경계의 끈을 놓아버리면 안주하게 되버리거든. 안주하면 편하기는 하지만 감각이 무뎌져서, 세상의 흐름을 쫓아갈 수 없단다."

티오는 애매한 미소를 지었다. 삼촌의 말을 알 것 같기도 했고, 모를 것 같기도 했다.

"히말라야에는 두 종류의 새가 산단다. 할단새와 가루라에 대해서 들어본 적 있니?"

"처음 들어요."

"할단새는 고산지대에 산단다. 볕이 내리쬐는 낮 동안에는 눈 덮인 산등성이를 뛰어다니며 실컷 놀다가, 밤만 되면 추위에 바들바들 떨며 이렇게 결심하지. 날이 밝으면 따뜻한 곳으로 떠나야지! 산을 내려가서 초원지대에 둥지도 틀고, 예쁜 아내도 얻어서 행복하게 살 거야. 하지만 할단새는 날이 밝으면 간밤의 결심은 까맣게 잊고 다시금 신나게 히말라야의 산등성이를 뛰어다니지."

티오는 할단새의 심정을 알 수 있었다.

"그러다 밤이 되면 다시 떠나야겠다고 결심을 하는군요."

"맞아! 할단새는 히말라야에서 평생을 그렇게 살다가 죽는단다."

"불행한 삶이네요."

"할단새가 히말라야를 떠나지 못하는 이유가 뭐라고 생각하니?"

티오는 잠깐 생각해보다가 날갯죽지를 으쓱했다.

"글쎄요? 머리가 나빠서 결심을 쉽게 잊어버리기 때문이 아닐까요?"

"네 말도 틀린 건 아냐. 흔히들 할단새를 망각의 새라고 부르니까. 하지만 내 생각에는 익숙해졌기 때문인 것 같아.”

“추위에요?”

“아니! 결심을 어기는 데….”

순간, 티오는 가슴이 뜨끔했다. 자신 역시 결심을 어기는 데 점점 익숙해지고 있었기 때문이다. 속마음을 들킬 새라 티오는 재빨리 화제를 바꿨다.

“가루라는 어떤 새죠?”

“가루라는 새 중의 새야! 하지만 알에서 깨어났을 때는 자신이 특별한 새라는 걸 몰랐어. 그러던 어느 날 용의 무리가 어머니를 잡아간 거야! 가루라가 어머니를 놓아달라고 애원하자, 용의 무리는 신들에게서 영생불사의 약인 감로수를 빼앗아 오면 놓아주겠노라고 약속하지. 가루라는 무한한 능력을 지닌 신들과 싸우려니 겁이 났어. 할 수만 있다면 신들과의 싸움만은 피하고 싶었지. 그러나 수없이 생각해봤지만 결론은 하나였어. 어머니가 용의 무리에게 잡혀 있는 한 자신의 삶은 결코 행복해질 수 없다는 걸! 가루라는 신들을 찾아가기 전에 다짐을 하지. 어머니를 구하지 못했다는 죄책감 속에 평생을 사느니 차라리 신들과 싸우다 장렬하게 죽겠노라고!”

“피할 수 없는 싸움이네요.”

“신들을 찾아간 가루라는 혼신의 힘을 다해서 싸웠어. 사실 가루라는 신들과 싸움을 하기 전까지는 자신이 어떤 존재이고 어떤 힘을 지니고 있는지 명확히 깨닫지 못했어. 무한한 능력을 지닌 신들과 끝없이 싸우는 과정에서 자신이 독수리처럼 날카로운 부리와 예리한 눈, 에메랄드빛이 감도는 몸을 갖고 있다는 사실을 알았어. 또한 머리와 날개는 황금빛을 띠고 있고, 날개를 펼치면 자그마치 360리에 달하고, 입으로는 불을 뿜는 능력을 갖고 있다는 사실도 깨달았지. 가루라는 신들과 싸우면서 번개를 피할 능력과 비바람을 자유자재로 부릴 수 있는 능력까지 얻게 되었어.”

티오가 마음이 조급해져서 물었다.

“감로수는 구했나요?”

“가까스로 감로수를 신들에게서 빼앗는 데 성공하지.”

“아, 어머니를 살렸군요!”

티오는 무엇보다도 어머니를 살려냈다는 사실이 기뻤다. 죽어가는 어머니를 무기력하게 지켜봐야만 했던 지난날의 아픔이 잊혀지지 않았기 때문이다.

“어머니를 구해낸 가루라는 이번에는 신들과 손을 잡지. 비열한 술책을 부린 용의 무리에게서 감로수를 다시 빼앗아오기 위해! 치열한 전투 끝에 가루라는 감로수를 빼앗아 원래 주인이었던 신들에게 돌려주지. 그 공로로 우주의 수호신인

비슈누의 총애를 받게 되고, 영생불사의 능력까지 얻게 돼.”

“우와, 정말 대단한 새네요! 그런데 날개가 그토록 크다면 몸집도 무척 클 텐데 뭘 먹고 살아요?”

“매일 용을 잡아먹고 산단다.”

“용을요?”

티오의 입이 떡 벌어졌다. 빠져나가기 위해 몸부림치는 용을 손아귀에 움켜쥐고, 황금빛 날개를 펄럭이며 구름과 비를 몰고 날아다니는 거대한 새를 상상해 보았다. 피가 뜨거워지면서 심장이 마구 뛰었다. 마치 당장이라도 몸 밖으로 튀어나올 듯이.

“가루라를 만나보고 싶어요!”

“할아버지에게서 가루라에 대한 이야기를 처음 들었을 때, 나도 너와 같은 마음이었지. 틈이 날 때마다 가루라를 찾아다녔지만 난 유감스럽게도 만나지 못했단다. 하지만 너라면 왠지 만날 수 있을 것 같은 예감이 드는구나.”

삼촌은 자상한 눈길로 바라보다가 한층 차분해진 음성으로 말했다.

“삶은 스스로 선택하는 거란다. 할단새처럼 평생토록 헛된 결심만 하다가 죽을 것인지, 가루라처럼 운명을 헤쳐 나가며 자신의 모습을 완성해 나갈 것인지.”

티오는 눈을 감고서 스스로에게 물었다.

'나는 과연 어떤 새일까?'

깜깜한 어둠 속에 자신의 모습이 보였고, 그 주변을 둘러싸고 있는 초라한 현실이 적나라하게 보였다. '새의 낙원'과는 거리가 먼, 냄새나는 동물원 우리에 갇혀서 사육사가 주는 먹이나 받아먹으며 하루하루 살아가고 있는, 할단새보다 더 가없은 새.

'어리석은 선택이었어. 세상에 거저 주어지는 건 없는 법인데…'

때늦은 후회가 밀려들었다. 억눌려 있던 슬픔과 좌절이 분수처럼 쏟아졌다. 티오가 눈물을 글썽이며 말했다.

"저도 가루라처럼 살고 싶어요! 하지만 너무 늦었어요."

"뭐가 늦었다는 거지?"

자신의 어리석음에 화가 난 티오가 버럭 소리쳤다.

"이따위 우리 속에 갇혀서 대체 무엇을 할 수 있겠어요?"

"애야, 울지 마렴. 갇혀 있다는 사실을 깨달았다면 빠져나가면 되는 거란다."

"여길 빠져나간다고요? 말도 안 돼!"

"그렇게 단정적으로 생각하지 마렴. 가루라는 홀로 무한한 능력을 지닌 신들과 싸우지 않았니? 여기를 빠져나가는 게 힘들까 신들과 싸우는 게 힘들까?"

티오는 잠시 생각해보다가 눈물을 닦았다.

"방법이란 찾아보면 반드시 있게 마련이란다. 여기서 나가고 싶니?"

"네!"

"간절하게?"

"단 하루를 살다 죽을지언정 더 이상은 우리에 갇혀 있고 싶지 않아요!"

"좋아! 그렇다면 내가 너를 탈출시켜주마."

"정말이에요?"

"대신 한 가지 조건이 있다."

"뭔데요?"

"밖에 나가서 무엇을 하며 살든 나는 일절 참견하지 않으마. 그러나 반드시 한 번은 고향에 들러서 아버지를 만나야 한다."

"아버지와 화해하라는 건가요?"

"그건 너희 부자의 몫일 뿐, 내가 개입할 일은 아니야."

"그럼 왜 아버지를 만나라는 거죠?"

"그래야 내가 약속을 지켰다는 사실을 알지 않겠니?"

티오는 삼촌의 마음을 알았다. 세상에는 '약속'을 새뚱처

럼 여기는 이들이 있는가 하면, 목숨처럼 소중히 여기는 이들
도 있었다.

❖

아침이 훤히 밝았다. 햇살이 그물망 사이로 스며들기 시작
했다. 사육사들이 관람객을 맞을 준비를 하기 위해 분주히 움
직이고 있었다.

티오는 삼촌과 함께 문 앞의 작은 나뭇가지에 앉아 있었다.

"내가 신호를 보내면 돌아보지 말고 가렴! 어떤 일이 있더
라도…."

"네, 삼촌!"

동물원을 개장하자 관람객이 들어오기 시작했다. '새의 낙
원'은 출입구는 하나인데 이중문이었다. 구경을 마친 관람객
이 첫 번째 문을 나서서 두 번째 문에 닿을 때쯤이면 첫 번째
문이 스르르 닫히면서 두 번째 문이 열렸다. 새의 탈출을 방
지하기 위함이었다.

관람을 마친 금발의 젊은 여자가 출입구 쪽으로 다가왔다.
자동문이 스르르 열리자 그녀가 빠져나갔다.

삼촌이 소리쳤다.

"지금이 기회야!"

삼촌은 빠르게 날아가 주저 없이 문틈에다 자신의 머리를 집어넣었다. 닫히려던 문이 멈춰 섰다. 티오는 깜짝 놀라 삼촌을 보았다. 날개를 퍼덕이며 몹시 고통스러워하고 있었다. 티오가 어쩔 줄 몰라 하고 있는데 삼촌의 쥐어짜는 목소리가 들려왔다.

"어서!"

정신이 번쩍 들었다. 티오는 재빨리 첫 번째 문을 지나서 두 번째 문을 향해서 날아갔다. 금발 여인이 두 번째 문 앞에 서자 문이 스르르 열렸다. 티오는 여인의 머리 위를 지나서 힘차게 날아올랐다.

"뭐야?"

깜짝 놀란 여인이 몸을 움츠리며 소리쳤다.

세상은 눈부시도록 아름다웠다. 우리 안에서 보았던 세상과는 확연히 달랐다. 바람은 숲에서부터 신선한 공기를 실어 날랐고, 태양은 대지 위에 보석 같은 빛을 흩뿌리고 있었다.

티오는 '새의 낙원' 위를 맴돌며 밑을 내려다보았다. 삼촌의 머리는 여전히 문틈에 끼어 있었다. 빠져나가려고 몸부림쳤지만 헛수고였다. 날개깃만 낙엽처럼 흩날릴 뿐이었다.

한참 뒤, 사육사가 도착했다. 문을 열어젖히고 삼촌을 빼낸 사육사는 그를 안고서 동물병원으로 달려갔다.

티오는 사육사의 머리 위로 낮게 날며 삼촌을 살폈다. 죽은 줄로만 알았던 삼촌은 다행히도 살아 있었다. 눈이 마주치자 삼촌이 미소를 지으며 처진 날개를 가만히 흔들었다. 나는 괜찮으니 걱정 말고 어서 가라며.

6

"삼촌은 약속을 지켰어. 이제 내가 삼촌과의 약속을 지켜야 할 차례야!"

티오는 곧바로 바닷가를 향해 날아갔다. 산을 넘어 가니 메타세콰이어 숲이 펼쳐졌다. 숲 한가운데 작은 호수가 보였다. 새 한 마리가 호수 위에 낙엽처럼 외로이 떠 있었다. 티오는 지나치려다가 새의 머리에 나 있는 검은 줄을 발견하고는 재빨리 방향을 틀었다.

'예전에는 그토록 찾아도 없더니, 이렇게 쉽게 형제를 만나게 될 줄이야!'

수면에 닿으려는 순간, 두 다리를 쭉 뻗으며 날개를 힘껏 펼쳤다. 몸이 자연스럽게 수면 위로 미끄러졌다.

티오가 날개를 접으며 말했다.

“안녕, 난 티오라고 해.”

“난 하후야.”

“와우! 별처럼 아름다운 눈을 지녔구나. 난 너처럼 예쁜 눈을 지닌 새는 처음 봐!”

티오의 칭찬에도 하후는 그리 기뻐하는 내색이 아니었다. 마지못한 듯 “고마워” 하고 답했다.

“어떻게 하다 여기까지 왔니?”

“폭풍우에 휘말렸어. 좀 더 조심했어야 하는데….”

“그게 언제야?”

“삼 개월쯤 됐을걸.”

삼촌이 폭풍우에 휘말렸던 시기와 비슷했다.

“그런데 뭘 그리 골똘히 생각하고 있었던 거야?”

하후의 표정이 어두워졌다. 금방이라도 울음을 터뜨릴 것만 같았다.

“아내와의 추억을 더듬고 있었어.”

“아내를 많이 사랑하는구나.”

“작년에 결혼했거든. 아, 보고 싶어 미칠 것만 같아!”

할 수만 있다면 가슴속을 열어 보여주고 싶다는 듯이 날개를 퍼덕였다. 그 바람에 물방울이 튀어 올랐다.

“아내는 어디 있는데?”

"지금쯤 갠지스 강가에 있을걸."

"그래? 그럼 나랑 같이 돌아가자!"

꿈에서 막 깨어난 듯 하후가 화들짝 놀라며 반문했다.

"태평양을 건너겠다고?"

"고향으로 돌아가려면 어쩔 수 없잖아!"

"태평양이 어떤 곳인지 알긴 하니?"

"당연하지! 나 역시 그곳을 건너왔으니까."

"미쳐도 단단히 미쳤구나!"

하후는 더 이상 말을 섞기도 싫다는 듯이 몸을 홱 돌렸다. 티오가 뒤를 쫓아가며 물었다.

"아내가 보고 싶다며? 아내를 다시 만나려면 바다를 건너야 할 거 아냐?"

"태평양을 건너가자고? 누굴 바보로 아는 거야? 설령 목숨이 열 개가 있다고 해도 그따위 어리석은 짓은 두 번 다시 안 해!"

티오는 깜짝 놀라서 목을 멀찍이 뒤로 뺐다.

"왜 그렇게 비관적이야? 말 못할 고생이야 했겠지만, 어쨌든 살아서 건너왔잖아?"

"그건 운이 좋았을 뿐이야."

"혹시 알아? 이번에도 운이 좋을지."

"그런 행운은 평생에 한 번 찾아오는 거야!"

함께 간다면 힘이 될 텐데 아쉬웠다. 티오는 멀어져 가는 하후를 바라보다가 물을 박차고 날아올랐다. 자신감이 한풀 꺾인 때문일까, 오랜만의 장거리 비행으로 체력이 떨어진 때문일까 날개가 돌덩이를 얹은 것처럼 무겁게 느껴졌다.

티오는 벼랑 위에서 바다를 내려다보았다. 출렁이는 파도, 끝없는 수평선을 보고 있으니 잊고 있었던 두려움이 뭉게구름처럼 피어올랐다. 하후의 목소리도 들려왔다.

— 태평양을 건너가자고? 누굴 바보로 아는 거야? 설령 목숨이 열 개가 있다고 해도 그따위 어리석은 짓은 두 번 다시 안 해!

갈매기의 비행을 바라보던 티오는 용기를 내서 날아올랐다. 그러나 발아래 바다가 펼쳐지자 겁이 더럭 났다. 한동안 날아가는가 싶더니 이내 방향을 돌렸다.

"오늘은 바람이 심한걸! 내일 출발하지, 뭐."

티오는 강 하구로 되돌아갔다. 가족들끼리 즐거운 시간을 보내는 철새들을 바라보고 있으니 고향 생각이 더욱 간절해졌다.

'내일은 반드시 떠나야지!'

날이 밝자마자 티오는 바닷가로 향했다.

"오늘은 어제보다 파도가 높은 것 같아. 비도 올 것 같고…."

다음날, 다시 바닷가로 나갔다. 구름 한 점 없이 푸르른 전형적인 가을 날씨였다. 파도도 잠잠하고 바람도 불지 않았다.

"왠지 오늘 출발하면 불길한 일이 생길 것 같아! 서둘지 말자. 오늘만 날이 아니니까."

이런저런 핑계를 대서 출발을 미루다 보니 한 달이 후딱 지나갔다. 날이 추워지자 철새들은 무리지어 따뜻한 곳으로 이동했다.

'내일은 나도 정말 떠나야지!'

티오는 굳게 다짐하고 바닷가로 갔다.

해변에는 세찬 바람이 불고, 집채만한 파도가 들썩이고 있었다. 하늘에는 먹구름까지 잔뜩 뒤덮여 있어서 엄두가 나지 않았다.

"지금은 무리야. 약속도 중요하지만 안전도 중요해. 바다를 건너다 죽으면 삼촌과의 약속도 지킬 수 없잖아!"

다음날도, 그 다음날도 사정은 마찬가지였다. 티오는 그제야 좋은 계절이 모두 지나가 버렸다는 사실을 깨달았다.

'어쩔 수 없지. 봄이 올 때까지 기다리는 수밖에….'

티오는 강 하구에서 날이 풀리기를 기다렸다. 강이 얼자 수초마저 얼어붙었다. 게다가 동물원에서 생활하는 동안 추위에 대한 적응력이 떨어진 걸까. 온몸이 으슬으슬 떨려서 견딜 재간이 없었다.

'도저히 안 되겠어. 겨울을 날 장소를 찾아보자!'

날이 밝자마자 철새들이 이동한 방향으로 무작정 날아갔다. 작은 산을 몇 개 넘으니 커다란 산이 나타났다. 끈질기게 뒤를 쫓아오던 겨울바람은 계곡으로 들어서자 잠잠해졌다.

계곡물은 밑이 훤히 들여다보일 만큼 투명했다. 주변에는 싱그러운 풀들이 지천으로 피어 있었다.

'여기서 겨울을 나자!'

티오는 혹시 있을지 모르는 들짐승들의 습격에 대비해서 가시나무로 뒤덮인 덤불 속에다 둥지를 틀었다.

티오는 자주 꿈을 꾸었다.

가루라는 황금빛 날개를 펼친 채 구름 위에 유유히 떠 있었다. 그 주변을 수많은 용들이 에워쌌다. 비늘로 뒤덮인 몸을 꿈틀거리며 용들이 포효할 때마다 천둥이 쳤고, 하늘이 쩍 갈라지면서 번개가 떨어졌다.

— 공격!

머리에 유독 긴 뿔을 지닌 우두머리 용이 날카로운 발톱을 앞세우며 달려들었다. 티오는 다른 용들과 함께 시뻘건 불길을 내뿜으며 가루라를 공격하고 있었다.

가루라가 몸통을 빙글 돌리며 날갯짓을 했다. 거센 바람이 일며 용들이 내뿜었던 불길이 방향을 틀어서 되돌아왔다. 용들이 기겁을 하며 뒤로 물러섰다. 가루라는 날카로운 부리를 벌리고 뜨거운 입김을 토해냈다. 빨갛고 파란 불꽃이 뿜어져 나왔다.

— 피해!

우두머리 용이 다급히 소리쳤다. 모두들 혼비백산해서 달아났지만 이미 늦은 뒤였다. 몇 마리는 온몸에 불이 붙은 채 구름 아래로 추락했다.

티오도 혼신의 힘을 다해 달아났지만 어느 틈에 뒤따라온 가루라가 날카로운 발톱을 쭉 뻗어 왔다. 가루라의 번뜩이는 눈빛을 보자 숨이 턱 막혔다.

— 사, 살려 주세요!

티오가 애원하자 가루라는 커다란 눈동자를 천천히 굴리며 물었다.

— 살고 싶으냐? 그럼 문제를 하나 낼 테니 맞춰 보아라! 내가 너를 잡아먹을 것 같으냐, 풀어줄 것 같으냐?

한순간 머릿속이 하얗게 변했다. 도대체 이럴 때는 무슨 말을 해야 하는 걸까. 답을 찾기 위해 버둥거리다가 꿈에서 깨어나곤 했다.

눈을 뜨면 무덤 속처럼 깜깜한 둥지 안이었다. 온몸이 식은 땀으로 흠뻑 젖어 있었고, 꿈속에서 미처 토해내지 못한 공포가 목에 걸려 있어서 마른기침을 뱉어내야만 했다.

티오는 뒤늦게 땅을 치며 후회했다. 화창한 가을 내내 고향 하늘을 향해 제대로 날갯짓 한번 못해 보다니.

'궁지에 몰리기 전에 내가 선택해야 해. 선택을 강요당해서는 결코 행복해질 수 없어!'

계곡의 봄은 산 아래에서부터 밀려왔다. 겨울이 허둥거리며 산등성이를 넘어 달아나자, 온갖 꽃들이 살며시 땅속에서 고개를 내밀었다. 크고 작은 곤충이 모습을 드러냈고, 새들이 마른 나뭇가지를 날아다녔다.

티오는 떠나야 할 때가 왔음을 알았다. 그러나 여전히 마음을 정하지 못하고 있었다. 겨울을 나는 동안 자신감이 완전히 꺾였기 때문이었다. 삼촌과의 약속만 아니라면 지금이라도 포기하고 다른 삶을 살고 싶었다.

'보나마나 태평양의 반도 건너지 못할 거야!'

날이 갈수록 근심만 쌓여갈 뿐 뚜렷한 해결책이 보이지 않았다. 수심에 잠겨 있는데 가까운 곳에서 흥겨운 노랫소리가 들려왔다.

세상에서 가장 멋진 종달새님.

오늘은 사랑을 고백하는 날, 어서 신부에게 가 보세요.

솔개가 나타날까 두렵다고요?

사냥꾼의 총에 맞을까 두렵다고요?

내일이면 후회의 눈물을 흘릴지도 모른답니다.

할아버지는 입버릇처럼 말씀하셨죠.
위험은 삶의 한 부분이라고.
언제 닥칠지 모르는 불행 때문에
오늘 해야 할 일을 외면하지 마세요.
내일이면 후회의 눈물을 흘릴지도 모른답니다.

티오는 소리가 나는 쪽을 돌아보았다. 노란 깃털을 지닌 작은 몸집의 카나리아가 나무 위에 앉아 있었다. 눈이 마주치자 카나리아가 나뭇가지에서 톡, 뛰어내렸다.

"안녕!"

"노래가 무척 좋은걸."

"고마워."

"네가 지은 노래니?"

카나리아가 작은 머리를 흔들었다.

"아니! 예전에 저기에 탄광이 있었거든."

"그래?"

티오는 목을 길게 빼고 카나리아가 가리키는 곳을 보았다. 계곡 안쪽에 커다란 동굴이 있었다.

"그곳에서 일했던 할아버지가 지은 노래야."

"너희 할아버지가 탄광에서 일했다고? 정말?"

카나리아가 으쓱거리며 말했다.

"그렇다니까!"

"무슨 일을 했는데?"

"우리 카나리아들은 매우 민감한 성대를 갖고 있어서 미세한 유독가스에도 금방 반응해. 그래서 광부들은 탄광에 들어갈 때면 할아버지를 새장에 넣어서 데려가곤 했어. 할아버지가 갑자기 노래를 뚝 멈추거나 의식을 잃으면 위험을 감지하고 재빨리 빠져나오기 위해서."

"훌륭한 일을 하셨구나!"

"위험한 일이야. 하지만 할아버지는 단 한 번도 죽음을 두려워한 적이 없었어. 광부들이 사고라도 날까봐 지레 겁을 집어먹으면 노래를 불러서 용기를 북돋아 주곤 하셨지."

"대단하신 분이네!"

"할아버지는 늘 이렇게 말씀하셨어. 위험은 삶의 한 부분이야! 언제 닥칠지 모르는 위험 때문에 해야 할 일을 못하는 놈은 아무짝에도 쓸모없는 놈이지."

카나리아는 동료가 날갯짓하자 훌쩍 날아가 버렸다. 그러나 그가 남긴 마지막 말이 화살처럼 날아와 가슴에 박혔다.

'어쩌면 할단새나 가루라는 내 안에 감춰진 또 다른 나의 모습일지도 몰라. 평생을 할단새로 살 수는 없잖아? 가루라

가 되기 위해서는 먼저 할단새의 껍질부터 벗어던져야 해!'

꿈속에서 보았던 가루라의 늠름한 모습이 떠올랐다. 문득, 가루라가 위대한 새가 되기까지 수많은 우여곡절을 겪었지만, 그 시작은 위험을 받아들이는 일이었다는 생각이 들었다.

"가루라도 어머니를 구하기 위해 신과의 정면 대결을 결심하지 않았다면 그 역시 평범한 새로 남았을 거야. 그래! 왜 바다를 건널 수 없다고 생각하는 거지? 나의 능력을 믿어 보자! 혹시 알아, 내 안에 가루라와 같은 잠재력이 숨 쉬고 있을지…."

티오는 둥지를 박차고 힘차게 날아올랐다.

3
바다 저편을 그리다

바다 저편을 그리다

선택 — 선택받는 삶이 아니라 선택하는 삶을 살아라

8

출발은 산뜻했다. 바람은 잔잔했고 날씨는 화창했다. 티오는 물안개처럼 모락모락 피어오르는 두려움을 밀어내며 망망대해를 향해서 힘차게 날개를 휘저었다.

시간은 날갯짓 사이로 빠르게 빠져나갔다. 몇 번이나 낮과 밤이 바뀌었을까. 체력은 건기의 강바닥처럼 점점 바닥을 드러내고 있었다.

티오는 태양을 올려다보았다. 고향까지의 거리를 가늠해보기 위해서였다.

"세상에! 있는 힘을 다해서 날아왔건만 아직 삼분의 일도 못 왔다니…"

끝없이 펼쳐진 바다와 가도 가도 닿을 수 없을 것만 같은 수평선을 바라보고 있으니 두려움이 엄습해왔다.

'하후의 말처럼 정말로 불가능한 걸까?'

수평선 너머에서 먹구름이 밀려왔다. 태양이 먹구름 속으로 사라지자 갑자기 주변이 어두워졌다. 비가 오려는지 습기를 잔뜩 머금은 바람이 불어왔다. 잔잔하던 바다가 출렁거렸다. 티오는 계속해서 앞으로 나아갔다. 예상했던 대로 빗방울이 후두두 떨어졌다.

"아무래도 날을 잘못….."

티오의 말이 채 끝나기도 전에 '쾅!' 하며 천둥이 쳤다. 깜짝 놀라 몸을 낮추자, 파도가 독수리처럼 발톱을 세우고 와락 달려들었다. 재빨리 위로 솟구쳤지만 파도가 워낙 높아서 날개까지 물방울이 튀었다.

"최악이군, 최악이야!"

티오는 번개에 맞을까봐 겁이 났다. 몸을 잔뜩 웅크린 채 날아가다 보니 빗방울 사이로 꿈틀거리는 검은 물체가 보였다. 바다에서 막 솟구쳐 하늘로 올라가려 하고 있었다.

"뭐야, 용이잖아?"

전설로 전해져 내려오는 용을 직접 보다니! 믿을 수 없어 눈을 비빈 뒤 자세히 보니 검은 물체는 용이 아니라 물기둥이

었다. 바닷물이 치솟아 하늘과 맞닿아 있었다. 거센 바람과 함께 물기둥이 빠른 속도로 밀려왔다.

'앗! 피해야 해!'

티오는 순간 위기를 느끼고 몸을 돌렸다. 날아왔던 방향을 향해 필사적으로 날개를 휘저었다. 그러나 이내 회오리바람에 휘말려 들었다. 숨쉬기가 어려울 정도의 강풍이었다. 몸이 바람에 날리는 휴지조각처럼 어디론가 날아가기 시작했다. 점점 의식이 멀어져 갔다.

9

여기는 어디일까.

세상은 고요했다. 출렁거리는 파도 위에 누워 있던 티오가 슬며시 눈꺼풀을 밀어 올렸다. 회오리바람은 흔적도 없이 사라졌고 먹구름 또한 보이지 않았다. 하늘은 믿기 힘들 정도로 파랬다. 살짝 기울이면 푸른 물이 흘러내릴 것만 같았다.

티오는 어지러이 하늘을 나는 갈매기 떼를 발견하곤 두 눈을 질끈 감았다.

'아, 실패했구나!'

좌절감이 파도처럼 가슴 깊숙한 곳까지 밀려들었다. 한참을 죽은 듯이 누워 있던 티오는 천천히 몸을 일으켰다. 바닷물은 낮았다. 두 발이 바닥에 닿을 정도였다. 해안가로 날아가려고 날개를 펼치자 온몸이 욱신거렸다.

절뚝거리며 걷다가 무심코 하늘을 올려다보았다. 절벽 위에 새 한 마리가 떠 있었다. 유유히 비행하는 모습은 영락없는 갈매기였다. 그러나 통통한 몸매를 지닌 걸로 봐서는 기러기 같았다.

'이상하네? 기러기라면 날개를 위아래로 휘저어야 하는데…….'

바다를 향해 날아가는가 싶더니 가볍게 방향을 바꿔 티오를 향해 날아왔다. 순간, 티오는 눈을 의심했다. 그는 놀랍게도 같은 인도기러기였다.

"안녕! 난 가우치라고 해."

가우치가 모래사장에 사뿐히 내려앉으며 말했다. 깃털은 듬성듬성 빠져 있고, 오랫동안 씻지 않아 먼지를 뒤집어쓰고 있었지만 눈빛만은 형형하게 빛이 났다.

"난 티오야. 그런데 대체 뭐하고 있었던 거야?"

"비행 연습!"

"비행 연습? 나는 건 천성인데 왜 따로 연습을 하는 거지?"

“바다를 이해하기 위해서.”

“바다를 이해한다고? 아니, 왜?”

“바다를 건너기 위해서지! 누군가를 사랑하려면 그를 먼저 이해해야 하듯이 바다를 건너려면 바다를 먼저 이해해야 해.”

티오는 고개를 갸웃거렸다.

“바다와 싸워서는 절대 바다를 건널 수 없어! 의욕도 중요하지만, 세상에는 의욕만 갖고 할 수 없는 일이 많거든.”

가우치의 말이 가슴 깊숙이 파고들었다. 그것은 티오가 바다를 건너는 데 실패한 이유이기도 했다.

“그런데 어떻게 날갯짓도 하지 않고 날 수 있지?”

“신의 숨결을 타는 거야.”

“신의 숨결?”

“그래. 상승 기류를 이용해서 독수리나 갈매기처럼 최소한의 에너지로 나는 거지!”

“와아, 대단하다!”

가우치가 수줍어하며 말했다.

“대단해 보이지만 사실은 별거 아냐.”

“그럼 나도 탈 수 있어?”

“물론이지! 연습하면 누구나 가능해.”

"가르쳐줄래?"

가우치가 티오를 위아래로 살피며 물었다.

"일단 몸부터 추슬러야 하지 않겠어?"

티오는 그의 제의가 더없이 고마워 빙긋 미소를 지었다.

"맞아! 며칠째 굶었더니 쓰러지기 직전이야."

티오와 가우치는 한 몸처럼 붙어 다녔다. 오전에는 강 하류에서 수초를 뜯어먹으며 휴식을 취했다. 오후에는 갯벌로 이동해서 싱그러운 해초를 뜯어먹고, 조개 등을 잡아먹으며 기력을 보충했다. 해질녘이면 다시 강으로 돌아와 작은 모래섬에서 잠을 잤다. 며칠 지나자 홀쭉했던 티오의 몸에도 포동포동 살이 올랐다.

어느 날, 티오는 가우치의 등에 매달려 있는 전파추적기를 발견했다. 네모반듯한 검은 상자에는 작은 구멍이 나 있었는데 일정한 속도로 빨간 빛이 뿜어져 나왔다.

"이건 뭐야?"

"아, 그거? 재작년 봄이었을걸. 갠지스 강변을 날다가 인간이 쳐놓은 그물에 걸렸어."

"저런! 농부였어?"

"카메라를 매고 있는 걸로 봐서 조류학자 같았어."

"그나마 다행이네!"

조류학자들은 새에 대한 연구를 한다는 명분하에 무차별적으로 새를 잡아서 발목에 표지 가락지를 채웠다. 티오는 가락지를 차고 있는 새를 수없이 만났던 터였다. 그러나 전파추적기는 처음 보는 것이었다.

"조류학자가 달아놓은 거야?"

"그런가 봐. 잠깐 의식을 잃었다가 눈을 뜨니, 빛 한 줄기 들어오지 않는 상자 안이더라고. 내심 죽음까지 각오하고 있었는데 배에서 내리자마자 순순히 풀어주는 거야. 그래서 이상하다 했는데 내가 잠든 사이 그걸 달아놨나 보더라고."

"이게 뭘까?"

"모르지!"

"정말 별일도 다 있네. 고작 이런 거 하나 달아놓으려고, 어렵게 잡아서 바다 건너편에다 옮겨놓다니."

가우치가 고개를 갸웃거리다 조심스럽게 입을 열었다.

"내가 바다를 건널 수 있나 없나, 시험해보기 위해서 매달아 놓은 것 같아."

"그럴 수도 있겠네."

인간이라면 충분히 가능한 일이었다. 그들은 '연구를 위해서'라면 다른 동물의 고통이나 불편 따위에는 아랑곳하지 않았다.

"처음에는 운명으로 받아들이고 여기서 살려고 했어. 사실 바다를 건너는 게 보통 일이 아니잖아? 인간들을 위해 목숨을 건 모험을 하고 싶지는 않았거든."

"그렇지! 그런데 왜 마음이 바뀐 거야?"

"더 늦기 전에 진짜 행복을 찾으려고."

"진짜 행복?"

"나는 그동안 행복이란 마음먹기에 달려 있다고 생각했어. 어떤 상황에서도 마음먹기에 따라서 충분히 행복해질 수 있다고 믿었거든."

티오는 흥미를 느끼고 귀를 세웠다.

"나는 늘 긍정적으로 생각했어. 먹잇감을 찾지 못해 아무것도 먹지 못한 날은 이렇게 중얼거렸지. 다이어트를 할 참이었는데 잘됐네! 외로움이 밀려오면 또 이렇게 다독였어. 가족과 떨어져서 사니 얼마나 좋아? 아이들이 귀찮게 하지 않는데다 아내의 잔소리를 듣지 않아도 되고."

"그런데 그게 진짜 행복일까?"

가우치가 빙긋 웃었다.

"맞아! 일 년쯤 지났을 때 문득 그런 생각이 들더라. 그때부터 줄곧 생각해봤어. 이것이 가짜 행복이라면 진짜 행복은 어디에 있는 걸까?"

티오가 궁금증을 참지 못하고 결말부터 물었다.

"어디에 있는데?"

"바다 건너에!"

뜻밖의 대답이었다. 물론 바다를 건너가야 할 상황이기는 하지만 행복이 바다 건너에 있다니.

"그럼 바다 저편에 사는 이들의 행복은 어디에 있는데?"

가우치가 확신에 차서 말했다.

"그들의 삶 앞에 놓인 바다 건너에!"

10

비행 연습을 하기 위해 아침 일찍 바닷가로 나갔다. 아침 햇살을 받으며 갈매기가 날아다니고 있었다.

"누군가를 이해하기 위해서는 세심한 관찰이 필요한 법이야. 나는 바다를 건너려다 실패한 뒤, 바닷새를 관찰하기 시작했어. 저들은 어떻게 거센 바람을 헤치고 먼 거리를 가뿐히 날아갈 수 있는지 궁금했거든."

티오는 가우치의 말을 들으며 갈매기의 비행을 지켜보았다. 낮게 나는 새는 기러기처럼 양쪽 날개를 위아래로 휘저었다. 그러나 높이 나는 새는 날개를 활짝 편 채로 유유히 비행하고 있었다.

"오랜 관찰 끝에 바닷새는 상승 기류를 탄다는 사실을 알게 되었어."

"신의 숨결?"

"그래, 같은 말이야. 상승 기류는 바람이 어딘가에 부딪치면서 생겨나기도 하고, 날씨가 따뜻한 날 생겨나기도 하지. 상승 기류를 타는 법을 익혀 두면 적은 에너지로도 효과적으로 비행할 수 있어."

"어떻게 타는 건데?"

"따라와 봐."

그들은 벼랑 위로 올라갔다. 깎아지른 듯한 벼랑 곳곳에 갈매기 둥지가 보였다. 먼 바다에서 밀려온 해풍이 암벽에 부딪쳤다.

가우치가 소리쳤다.

"뛰어! 지금이 기회야!"

티오는 바위를 박차고 날아올랐다. 가볍게 날갯짓을 했을 뿐인데 몸이 사뿐히 떠올랐다. 마치 밑에서 보이지 않는 손이 밀어 올려주는 것만 같았다.

“날갯짓을 멈춰 봐. 이렇게!”

가우치가 앞쪽으로 날아가더니 날갯짓을 완전히 멈췄다. 그럼에도 불구하고 몸이 둥실거리며 허공을 떠갔다. 아침 햇살을 받은 그의 깃털에서 광채가 뿜어져 나왔다.

“우와, 멋있다!”

티오는 진심으로 감탄했다.

“나도 한 번 해볼까?”

날갯짓을 멈추자 몸이 좌우로 위태로이 흔들렸다. 금방이라도 밑으로 곤두박질칠 것만 같았다. 흐트러진 중심을 잡기 위해서 빠르게 날갯짓을 했다.

“거부하지 말고, 신의 숨결에 편안하게 몸을 맡겨!”

가우치의 충고를 따르려 했지만 생각처럼 쉽지 않았다. 시간이 지나면서 상승 기류가 약해졌다. 높이 솟구쳤던 몸이 밑으로 점점 가라앉았다. 앞은 망망대해였다. 뒤를 돌아보니 해안가에서 상당히 멀리 떨어져 있었다.

가우치가 몸을 틀었다.

“돌아가자!”

티오도 허공에서 빙글 몸을 돌렸다. 열심히 날개를 쳤지만 역풍이어서 몸이 앞으로 나아가지 않았다. 바람과 힘겨루기를 하고 있는데 가우치가 밑으로 내려가며 티오를 불렀다.

"이쪽으로 와!"

하강을 하자 밑에는 놀랍게도 순풍이 불고 있었다.

"어, 어떻게 된 거지?"

"바람은 한쪽 방향으로 부는 듯 보이지만 반드시 그런 건 아냐. 높낮이에 따라서 바람의 방향이 바뀌기도 해."

한참 날아가다 보니 이번에는 측면에서 바람이 불어왔다. 가우치는 좀 더 밑으로 내려갔다. 티오도 몸을 낮춰서 파도 위를 아슬아슬하게 날아갔다. 그곳은 이상하리만치 바람이 잠잠했다.

"왜 여기는 바람이 불지 않지?"

"바람이 수면과 마찰을 일으키기 때문이야. 순풍이 불 때는 순풍을 타는 게 유리하고, 역풍이나 측면에서 바람이 불 때는 낮게 날아가는 게 유리해!"

가우치가 위로 솟구쳤다. 티오도 뒤를 따라갔다. 등 뒤에서 거센 바람이 불어왔다. 순풍을 타니 벼랑까지 금세 닿았다.

날개를 접으며 가우치가 물었다.

"우리가 지닌 가장 큰 재산이 뭐라고 생각해?"

"날개 아닐까?"

"내 생각에는 상상력이 아닐까 싶어."

“상상력?”

“나를 변화시키는 에너지야! 내가 어떤 상상을 하느냐에 따라서 미래가 달라지거든.”

“어려워. 쉽게 설명해 봐.”

“우리는 늘 현재라는 순간을 지나서 미래를 향해서 날아가고 있어. 네가 숲을 상상한다면 머잖아 숲을 지날 거고, 산을 상상한다면 산을 넘어갈 거고, 바다를 상상한다면 바다를 건너게 될 거야.”

티오가 고개를 갸웃거리다가 물었다.

“숲을 상상했는데 바다 위를 날고 있다면?”

“그건 과정이야. 숲으로 가기 위한….”

“그러니까 우리는 미래에 각자가 상상한 곳을 가게 된다는 거야?”

“맞아! 네 마음속에다 세상에서 가장 멋진 새를 그려 봐. 닮고 싶은 새, 꿈꾸는 새를! 그런 다음 그 새를 향해 힘차게 날아가는 거야. 열심히 날갯짓하다 보면 언젠가는 그 새와 한 몸이 된 너를 발견하게 될 거야!”

해풍이 벼랑에 부딪쳤다. 가우치가 먼저 몸을 던졌다. 그의 모습은 독수리처럼 듬직하고 멋있었다.

티오도 상승 기류에 몸을 실었다. 눈을 감고 날갯짓을 멈췄다. 구름 위를 비행하는 가루라의 모습을 그려 보았다. 그의 표정은 당당했고, 날개는 바람처럼 우아하고 부드러웠다.

"와우! 완벽해!"

가우치의 목소리가 들려왔다. 칭찬을 들으니 기쁨과 함께 자신감이 솟구쳤다.

숨을 깊이 들이마시자 시원한 바람이 폐부 깊숙이 밀려들었다. 순간, 티오는 무한한 자유를 느꼈다. 태평양처럼 넓고, 바늘 하나 빠져나갈 수 없는 촘촘한 그물이 허공에서 떨어진다 하더라도 사로잡히지 않을 것만 같았다.

그는 한 줄기 바람이었고, 한 조각 하늘이었고, 찬란한 햇살이었고, 은빛 비늘을 단 은어 떼처럼 유유히 흐르는 갠지스 강물이었다.

11

겨울이 지나가자 봄의 마법이 시작되었다. 부드러운 봄바람이 스치고 지나가는 곳곳마다 아름다운 꽃들이 앞다투어 피어났다.

모든 준비는 끝이 났다. 비행술은 충분히 익혔고, 비행 중에 에너지로 사용하기 위한 영양분도 충분히 섭취했다. 함께 하면 두려움마저 반감되는 걸까. 혼자서 출발할 때보다 한결 마음이 가벼웠다. 티오는 동물원 쪽을 바라보며 삼촌에게 작별 인사를 했다.

"저, 이제 떠납니다! 아버지가 보고 싶어서…."

무심코 말하려다 생각해보니 진심이 아니었다. 아버지에 대한 오해가 풀리긴 했지만 해묵은 감정까지 사라진 것은 아니었다.

티오는 재빨리 바로잡았다.

"아니, 삼촌과의 약속을 지키기 위해!"

기분 좋은 출발이었다. 부드러운 봄바람을 타고 비행하다 보니 절로 콧노래가 나왔다. 바다를 건너는 것이 아니라 친구와 함께 소풍을 떠나는 기분이었다.

바다 위에서의 시간은 빠르게 지나갔다. 나흘째 되는 날, 가우치가 말했다.

"비가 올 것 같아."

"그걸 어떻게 알아?"

"구름 밑 부분이 새까맣지? 저런 구름은 십중팔구 비나 눈을 잔뜩 품고 있다고 보면 돼."

티오는 수평선 위에 피어올라 있는 뭉게구름을 보았다. 전

체적인 색깔은 회색인데 밑으로 내려갈수록 검은 색에 가까 웠다.

한참 날아가다 보니 정말로 비가 내렸다. 주변이 갑자기 어 두워지자 겁이 났다. 가까운 곳에서 천둥치는 소리도 들려왔 다. 언제 벼락이 떨어질지 몰라 조마조마하며 날아가고 있는 데 가우치가 중얼거렸다.

"이런! 한 벌뿐인 정장이 젖었군. 저녁 파티에는 뭘 입고 가라고…."

티오는 내심 깜짝 놀랐다. 숨조차 제대로 쉬기 힘든 상황에 서 농담이라니. 슬쩍 돌아보는 순간, 눈이 마주쳤다. 가우치 가 빙그레 미소를 지었다.

'도대체 저런 여유는 어디서 나오는 걸까?'

가우치의 두둑한 배짱이 부러웠다. 티오는 자신이 초라하 게 느껴져 주눅이 들었다.

"걱정할 거 없어. 조금만 더 가면 비가 그칠 거야."

가우치의 격려에 움츠렸던 목을 조심스레 폈다. 정신도 몸 에 따라 반응하는 걸까. 한결 비행이 편해졌고, 불안감도 가 셨다.

한동안 비를 맞으며 가다 보니 가우치의 예상대로 언제 그 랬느냐는 듯이 날씨가 갰다. 놀랍기도 하고 신기하기도 했다.

“구름에 대해서도 연구했어?”

“조금. 비행술을 익히며 틈틈이….”

가우치는 수줍은 듯 말하고는, 몸을 한 차례 흔들어 빗방울을 털어냈다.

어둠이 내리면서 안개가 밀려왔다. 안개가 점점 짙어지자 가우치는 속도를 줄여서 조심스럽게 비행했다. 얼마 지나지 않아서 그들은 완전히 안개에 갇히고 말았다. 방향은 물론이고 어느 정도 높이로 날고 있는지조차 알 수 없었다.

티오는 답답했다. 시간이 지날수록 점점 심장이 오그라들었다.

“도저히 못 견디겠어! 속도를 높여서 한시라도 빨리 여기서 빠져 나가자!”

가우치가 만류했다.

“그건 모험이야. 자칫하면 길을 잃을 수도 있어.”

“우린 이미 길을 잃었어!”

“그래, 길은 잃었어. 하지만 이성까지 잃어서는 안 돼! 흥분을 가라앉히고 내 뒤에 바짝 붙어. 무슨 일이 있어도 떨어지지 마!”

가우치의 목소리는 놀랍도록 차분했다. 티오는 비로소 위기 상황임을 직감했다. 도전의 성패를 가름하는.

"알았어."

티오는 가우치의 등 뒤로 자리를 옮겼다.

안개는 조금도 가실 기미가 보이지 않았다. 가우치는 답답하리만큼 느린 속도로 조심스럽게 앞으로 나아갔다. 그의 등에 부착된 검은 상자는 마치 등대 같았다. 티오는 일정하게 뿜어져 나오는 빨간 불빛을 보며 뒤를 쫓아갔다. 불빛은 안개 속으로 홀연히 사라졌다가 이내 모습을 드러내곤 했다.

도대체 얼마나 날아왔을까. 어둠이 걷힌 걸로 봐서는 해가 뜬 것 같은데 안개는 여전히 앞을 가로막고 있었다. 어디선가 새 울음소리가 들려왔다.

가우치가 반색했다.

"이 근처에 섬이 있나 봐!"

"정말?"

"잘 들어 봐. 어린 새끼들이야!"

티오는 귀를 기울였다. 어미 새의 울음소리 사이로 말을 막 배우기 시작한 어린 새끼들의 울음소리가 들려왔다.

"배가 고파 우는 것 같아."

"그렇겠지. 안개가 이렇게 심한데 어떻게 먹이 사냥을 나가겠어?"

안개가 짙어서 섬은 보이지 않았다. 가우치는 새 울음소리를 향해 다가갔고, 좌우를 살피며 조심스럽게 바위에 내려앉았다.

"우린 대단한 행운아야! 이런 상황에서 섬을 찾다니."

"그런가?"

티오는 고개를 갸웃거렸다.

안개는 바람이 불 때마다 우르르 몰려다녔다. 뿌연 안개 속을 들여다보고 있으니 머릿속이 몽롱해지면서 졸음이 쏟아졌다. 막 잠이 들려는 순간, 가우치의 목소리가 들려왔다.

"잠들면 안 돼! 섬에 위험한 동물이 살지 모르니까 주변을 잘 감시해. 반대편은 내가 감시할 테니까."

티오는 졸음도 깰 겸해서 자리에서 벌떡 일어났다. 귀를 세우고 열심히 보초를 섰지만 움직이는 건 안개뿐이었다. 새 울음소리와 파도 소리가 간간이 들려올 뿐이었다.

시간이 꽤 흘렀음에도 불구하고 우려했던 일은 일어나지 않았다. 가우치가 말했다.

"교대로 눈을 붙이도록 하자. 내가 먼저 보초를 설 테니까 한숨 자."

"알았어."

티오는 그의 마음 씀씀이가 고마웠다. 그 역시 몹시 피곤하고 졸릴 텐데 기꺼이 양보해 주다니. 스르르 눈을 감자 혼곤한 잠이 거대한 파도처럼 덮쳐 왔다.

며칠이나 지났을까. 안개가 엷어졌다. 그러나 여전히 방향을 알 수 없었다. 육지 같으면 산이나 강, 건물 등을 보고 현재 위치를 파악할 수 있다. 그러나 바다에서는 오로지 태양만이 유일한 나침반이다.

그들은 먹을 만한 음식도 찾아볼 겸해서 섬을 한 바퀴 돌았다. 섬은 화산 분출로 생성된 듯 구멍이 송송 뚫린 검은색 현무암으로 이루어져 있었다. 작은 섬에는 풀 한 포기 보이지 않았다.

섬 꼭대기에는 둥지 몇 개가 옹기종기 모여 있었다. 어른 새는 사냥을 나갔는지 보이지 않고, 알에서 깨어난 지 얼마 안 된 새끼들이 배고픔을 참지 못하고 요란하게 울어댔다.

티오가 말했다.

"이곳도 그리 안전해 보이지는 않아. 파도가 높아지면 보나 마나 바닷물이 섬 꼭대기까지 들이칠 거야."

"그럴 가능성은 희박해. 바닷새들이 둥지를 틀고 새끼까지

낳은 걸 보면…."

티오는 고개를 끄덕였다. 사실 티오가 걱정하는 것은 파도가 아니었다. 파도쯤이야 날개가 있으니 언제든지 피할 수 있었다. 단지 가만히 앉아서 보내는 시간이 아까울 뿐이었다.

안개가 완전히 가신 것은 한참의 시간이 흐른 뒤였다. 태양과 함께 파란 하늘이 마침내 모습을 드러냈다.

가우치가 힘차게 소리치며 날아올랐다.

"가자!"

주저주저하던 티오가 소리쳤다.

"잠깐만!"

가우치가 허공을 한 바퀴 빙글 돌아서 옆에 내려앉았다.

"왜? 어디 불편한 데라도 있어?"

"아무래도… 나는 이쯤에서 포기해야겠어. 자신도 없을뿐더러 체력도 말이 아냐. 난 돌아갈 테니까 넌 고향으로 가!"

"혼자서 돌아가겠다고?"

"미안해."

가우치는 한동안 곰곰이 생각하더니 말했다.

"좋아! 함께 돌아가자."

"나 때문에 그럴 필요 없어! 여기까지 온 게 아깝잖아?"

"내색하지는 않았지만 나 역시 힘들고 배고픈 건 마찬가지야. 안개 속에 이렇게 며칠씩 갇히게 될 줄은 몰랐거든."

가우치가 태양을 올려다보더니 미련 없이 방향을 틀었다. 막상 돌아가기로 결정하고 나니 마음이 착잡했다.

티오가 혼잣말처럼 중얼거렸다.

"아무래도 난 안 될 거 같아."

"뭐가?"

"바다를 건너는 거…."

"낙담하지 마. 우린 최선을 다했어! 단지 운이 나빴을 뿐이야."

돌아가는 길은 자꾸만 몸이 처졌고, 날갯짓에도 힘이 실리지 않았다.

'하후가 옳았어! 역시 바다를 건너는 건 무리야. 삼촌에게는 미안하지만 두 번 다시 귀향 따위는 꿈꾸지 않을 거야!'

어지러운 머릿속을 읽었는지 가우치가 말했다.

"갈 길이 멀어! 지금은 무사히 돌아가는 데만 전념해. 나머지 것들은 시간을 갖고 천천히 생각해도 돼."

12

두 번째 도전도 실패로 끝났다.

기대가 컸기 때문일까. 후유증 또한 컸다. 티오는 무기력증에 빠졌다. 꿈을 꾸는 것은 고사하고 생각하는 것마저도 귀찮았다. 멍한 상태에서 강물이나 호수에 떠 있다가 배가 고프면 음식을 먹었고, 졸리면 잠을 잤다.

가우치는 변함이 없었다. 눈을 뜨면 바닷가로 나갔고, 밤이 깊어서야 돌아왔다. 티오는 한동안 그런 가우치를 멀리했다. 바다는 아예 생각조차 하고 싶지 않은데 그의 몸에서 짭짤하고 비릿한 갯내가 풍겨 왔기 때문이었다. 봄은 그렇게 허망하게 지나갔다.

어느 날, 비바람이 휘몰아쳤다. 잔잔하던 호수가 파도처럼 출렁거렸다. 티오는 풀밭에 납작 엎드린 채 강풍이 멎기를 기다렸다. 자작나무 숲에서 성난 함성이 들려왔다.

— 어른답게 산다는 게 쉬운 줄 알아? 힘겹다고 그대로 주저앉는다면 어른이 아냐! 어른의 형상을 한 아이일 뿐이지. 진정한 어른이라면 이를 악물고 고난과 맞서 싸워야 해!

"가루라다!"

티오는 깜짝 놀라 벌떡 일어났다. 주변을 샅샅이 훑어보았지만 가루라의 모습은 보이지 않았다.

'환청이었나?'

몸이 강풍에 날아갈 것만 같았다. 티오는 다시 풀숲에 몸을 낮췄다. 지난 여정이 사진처럼 한 장씩 머릿속을 스치고 지나 갔다.

'그토록 힘겹기만 했던 시간들이었을까?'

바닷가에서 상승 기류를 타는 법을 익힐 때의 짜릿함, 바다 를 건너가기 전날 밤의 설렘, 따사로운 햇살을 온몸으로 받으 며 파란 바다 위를 날아갈 때의 상쾌함, 오랜 비행으로 날갯 죽지는 뻐근했지만 고난을 넘어설 때마다 가슴 가득 차오르 던 성취감…. 비록 안개에 갇히는 바람에 도전은 실패로 돌아 갔지만 찬찬히 돌아보면 그리 불행한 시간만은 아니었다.

'그런데 왜 아예 생각조차 하기 싫은 걸까?'

아마도 포기했기 때문이리라. 포기란 일종의 죽음이었다. 포기하는 순간, 그와 관련된 모든 것들은 시든 꽃잎처럼 일제 히 빛을 잃기 마련이었다.

그날 밤, 티오가 물었다.

"매일 바닷가에 나가서 뭐해?"

가우치가 놀랐는지 흠칫거렸다. 서로가 금기하다시피 했던 '바다'를 화제에 올렸기 때문이었다.

"안개에 대해서 연구했어. 안개는 어느 때 피어오르는지, 만약 안개 속에 갇혔다면 빠져나갈 방법은 없는지…."

"뭘 좀 알아냈어?"

"바다에서 안개가 발생하는 데는 몇 가지 이유가 있어. 낮과 밤의 기온차가 클 때, 날씨는 차가운데 따뜻한 바닷물이 흐를 때, 날씨는 따뜻한데 차가운 바닷물이 흐를 때…."

"그게 전부야?"

"따뜻한 날 차가운 빗방울이 떨어질 때, 추운 날 따뜻한 빗방울이 떨어질 때도 안개가 발생하긴 해. 하지만 비로 인해 생긴 안개는 비행을 못할 정도로 심각하지는 않아."

"그렇다면 우리를 가뒀던 안개는 어떤 종류야?"

"나도 그 문제를 곰곰이 생각해 봤는데…우리가 통과하려 했던 곳으로 차가운 바닷물이 흘러가지 않았나 싶어."

티오는 내심 놀랐다. 자신이 빈둥거리고 있는 사이에 그토록 많은 것을 알아내다니.

"안개를 피할 방법은 없어?"

"봄, 가을은 날씨는 좋지만 바다를 건너기에 적합한 시기는 아냐. 여름이나 겨울이 오히려 나은 것 같아."

"여름은 덥고, 겨울은 춥잖아?"

"맞아! 가장 좋은 시기는 더위나 추위가 슬쩍 누그러들었을 때야.”

가우치의 설명에도 불구하고 불안감이 완전히 가시지는 않았다. 그 어디보다 변화가 심한 곳이 바다라는 사실을 잘 알기 때문이었다.

“다시 안개를 만나면 어떡해?”

“고도를 높여서 날면 돼! 위로 올라갈수록 안개가 엷어지거든.”

가우치가 안개쯤은 문제없다는 듯이 말했다.

티오는 파란 하늘과 끝없이 펼쳐진 바다를 떠올렸다. 심장이 빠르게 뛰었고, 숨이 가빠왔다. 몸 안에 잠들어 있던 세포들이 일제히 기지개를 켰다.

“좋아! 다시 도전해 보자!

“이번은 예감이 좋아. 우린 해낼 수 있을 거야!”

그들은 약속이나 한 듯 자리에서 동시에 일어났다. 주변을 빙글빙글 돌며 목청껏 외쳤다.

“우린 할 수 있다!”

불행은 전혀 예기치 않은 순간에 찾아왔다. 그들은 강물이 마르면서 형성된 습지에서 ‘마지막 만찬’을 즐겼다. 자작나무 숲을 불 붙은 듯이 벌겋게 물들이며 서서히 태양이 떠올랐다.

강물 위를 헤엄쳐 가다가 티오가 심심풀이 삼아 물었다.

"어른과 아이의 차이점이 뭐라고 생각해?"

"글쎄? 지식을 쌓기만 하면 아이, 지식을 활용할 줄 알면 어른…."

가우치의 말이 채 끝나기도 전에 숲에서 '꽝!' 하고 요란한 소리가 울려 퍼졌다. 깜짝 놀라서 돌아보니 새들이 일제히 숲 위로 날아오르고 있었다.

"무슨 소리지?"

"달아나!"

티오는 가우치를 따라서 얼떨결에 강물을 박차고 날아올랐다. 장거리 비행에 대비해서 몸집을 갑자기 부풀린 탓일까. 생각처럼 몸이 사뿐히 떠올라주지 않았다. 헛된 날갯짓만 되풀이하는 사이에 가우치는 저만치 날아갔다.

마음이 다급해졌다. 티오는 강물 위를 첨벙첨벙 달리며 필사적으로 날개를 휘저었다. 그제야 몸이 허공으로 떠올랐다. 가우치의 뒤를 좇아서 숲을 넘어가려는데 다시금 등 뒤에서 '꽝!' 하고 숲을 뒤흔드는 소리가 났다. 순간, 오른쪽 날갯죽지가 화끈 달아올랐다. 구름과 함께 숲이 설핏 기울었다. 티오는 중심을 잃고 추락하다가 가까스로 포플러 나무에 내려앉았다.

— 왈왈!

숲에서 사냥개 두 마리가 맹렬한 기세로 달려 나왔다. 피 냄새를 맡았는지 포플러 나무 주변을 빙글빙글 맴돌았다.

'도대체 나에게 무슨 일이 생긴 거지?'

티오는 제정신을 차리기 위해 머리를 세차게 흔들었다.

숲에서 엽총을 든 사냥꾼이 달려 나왔다. 티오는 들킬 새라 나뭇잎이 울창한 가지로 옮겨 앉았다. 몸을 웅크린 채 숨을 죽였다. 날갯죽지를 타고 흘러내린 피가 이파리로 뚝뚝 떨어졌다.

— 왈왈! 왈왈!

주인이 나타나자 개들이 한층 요란하게 짖어댔다. 사냥꾼이 고개를 길게 빼고 나무 위를 이리저리 살폈다.

위기의 순간, 가우치가 숲 저편에서 날아왔다. 오솔길에 사뿐히 날개를 접고 내려앉자, 사냥개들이 쏜살같이 달려갔다. 가우치는 가까이 접근하기를 기다렸다가 허공으로 날아올랐다. 사냥꾼이 재빨리 총을 겨누었다. 가우치는 낮게 나무 사이로 날아서 숲속으로 사라졌다.

사냥꾼은 개들을 따라서 숲으로 들어갔고, 얼마 지나지 않아서 세 번째 총성이 울려 퍼졌다. 파란 하늘이 일순간, 유리

창처럼 와르르 무너져 내렸다.

티오는 숨을 죽인 채 귀를 기울였다. 숲은 고요하다 못해 적막하기까지 했다. 이상하게도 사냥개 짖는 소리마저 들리지 않았다.

'혹시… 가우치가?'

시간이 지날수록 불안감은 몸집을 불려갔다. 가서 확인해 보고 싶지만 마음뿐이었다. 이러지도 저러지도 못하고 있는데 새 한 마리가 숲 저편에서 솟구쳤다. 비행이 낯익어서 유심히 보니 가우치였다. 다행히도 다친 곳은 없었다.

가우치가 나뭇가지에 내려앉으며 물었다.

"아프지?"

갑자기 까닭모를 눈물이 핑 돌았다. 티오는 재빨리 고개를 저었다.

"아니, 괜찮아."

"괜찮기는…. 상처가 이렇게 깊은데…."

티오는 그제야 오른쪽 날갯죽지를 돌아보았다. 깃털은 온통 피로 물들어 있었다. 가우치가 조심스레 깃털을 들추고 상처를 들여다보았다.

"불행 중 다행이야. 총알이 스치고 지나갔어."

"다시 날 수 있을까?"

가우치가 힘주어 고개를 끄덕였다.

"물론이지!"

"상처가 아무는 데 얼마나 걸릴까?"

"금세 아물 거야."

"위로하려 하지 말고 솔직하게 말해줘."

그제야 가우치의 표정이 심각해졌다.

"음… 두세 달쯤?"

"와우! 겨울이 오기 전에는 낫겠구나!"

티오는 애써 미소를 지었다. 그러나 마음은 가볍지 않았다. 야생의 세계에서는 약점을 지닌 자가 제일 먼저 희생되기 마련이다.

"일단 흐르는 피부터 막고 보자."

"어떻게?"

"날 따라와."

가우치가 나무에서 뛰어내렸다. 티오도 날개를 펄럭이며 뛰어내렸다. 그러나 통증 때문에 제대로 중심을 잡을 수가 없었다.

걷다시피 해서 가우치를 따라가니 강이 나왔다. 가우치는 강줄기를 따라 올라가다 걸음을 멈췄다. 주변의 땅이 온통 노랬다.

“상처에 진흙을 발라. 그럼 피가 멎을 거야.”

티오는 왼쪽 날개로 오른쪽 날갯죽지에 진흙을 바르기 시작했다. 뜻하는 대로 잘 발라지지 않았다. 생각다 못해서 진흙구덩이에 몸을 굴렸다. 온몸이 진흙투성이가 되자 그 모습이 우스꽝스러운지 가우치가 한바탕 웃음을 터뜨렸다. 티오는 웃지 않았다. 아니, 마음이 무거워서 웃을 수 없었다.

가우치가 눈치채고는 재빨리 웃음을 거뒀다.

“미안! 진흙도 말릴 겸 햇볕이나 쬐자.”

그들은 판판한 바위로 올라갔다. 양지 바른 곳에서 햇볕을 쬐고 있으니 그제야 긴장이 풀리면서 졸음이 쏟아졌다. 꾸벅꾸벅 졸고 있는데 가우치의 목소리가 꿈결처럼 들려왔다.

“일어나, 늑대야!”

티오는 깜짝 놀라서 눈을 떴다. 회색늑대 떼가 물을 마시기 위해 강가에 내려와 있었다. 모두 다섯 마리였다. 그 중 대장으로 보이는 늑대가 예리한 눈길로 노려보았다.

티오는 가슴이 철렁했다.

“달아나자!”

가우치가 침착하게 말했다.

“움직이면 안 돼!”

티오는 날개를 펼치려다가 움찔하고 멈췄다.

“상처 입은 걸 알면 우르르 달려들 거야! 무시해버려.”

“어떻게?”

“네까짓 놈들은 신경도 안 쓴다는 듯이 딴청을 피워! 내가 감시하고 있을 테니까.”

“아, 알았어.”

티오는 벌렁거리는 가슴을 달래며 머리를 치켜들었다.

산도, 하늘도, 구름도 눈에 들어오지 않았다. 신경은 온통 늑대 떼에게 가 있었다. 거리는 늑대 걸음으로 스무 걸음 남짓이었다. 작정하고 덤벼든다면 달리 피할 방법이 없었다.

얼마나 지났을까. 가우치가 속삭였다.

“이제 됐어.”

티오는 재빨리 고개를 돌렸다. 어느 새 늑대 떼는 사라지고 없었다. 강물만 굽이치며 흐르고 있을 뿐이었다. 진흙 위에 어지러이 남겨져 있는 발자국이 늑대 떼가 왔다갔음을 말해 주었다.

“아무래도 이대로는 안 되겠어! 잠깐만 기다려 봐.”

가우치가 사뿐히 날아올랐다.

“어디 가는데?”

“갔다 와서 알려줄게.”

혼자 남은 티오는 주변을 이리저리 둘러보았다. 갑자기 숲에서 들려오던 꾀꼬리 노랫소리가 뚝 끊겼다. 불안감이 엄습해왔다. 숲에서 날카로운 어금니를 지닌 들짐승이 불쑥 달려나올 것만 같았다.

"별일 없을 거야! 그래도… 조심하는 게 좋겠지?"

티오는 바위에서 내려와 덤불에 몸을 감췄다. 진흙투성이의 상처 입은 날갯죽지를 내려다보고 있으니 한숨이 절로 나왔다.

금방 오겠다던 가우치는 한참 뒤에야 돌아왔다.

"가까운 곳에 거위 우리가 있어. 한동안 그곳에서 지내는 게 어때?"

"싫어! 우리라면 지긋지긋해."

"그 심정 이해해. 하지만 어쩔 수 없잖아?"

티오가 버럭 소리쳤다.

"다시 우리에 갇히느니, 차라리 죽는 게 나아!"

가우치는 흥분이 가라앉기를 기다렸다가 물었다.

"친구, 호랑나비 애벌레 본 적 있어?"

"아니."

"영락없는 새똥 모양이야. 왠줄 알아? 천적인 새들의 눈을 속이기 위해서야. 아무리 배고픈 새라도 자기 똥을 먹지는 않거든."

"그야 그렇지."

"나비는 한없이 초라한 모습으로 한 시절을 견뎌. 그런 다음에 허물을 벗고 나와 아름다운 날개를 펴는 거야!"

티오는 주변을 둘러보았다. 나비는 보이지 않았지만 느낄 수 있었다. 힘겨운 시절을 보낸 뒤, 아름다운 날개를 펴고 첫 비행을 하는 나비의 기쁨을.

"멋있군!"

"그치?"

용기를 얻은 가우치가 목청을 높였다.

"산다는 건 그런 거야! 때론 새똥이 되기도 하고, 때론 온몸에 진흙을 뒤집어쓴 채 낯선 이들 틈바구니에서 고독을 씹기도 해야 해. 중요한 건 자존심이 아니라 생존이거든!"

티오는 감동했다. 자신을 진심으로 걱정해주는 가우치의 따뜻한 마음에.

"좋아! 동물원에서 이 년도 넘게 보냈는데 그까짓 두세 달쯤 못 견디겠어?"

13

거위 농장은 마을에서 외떨어진 집의 뒤편에 자리하고 있었다. 수많은 거위들이 철망 안에서 꽥꽥거리며 돌아다녔다. 얼핏 보기에 백 마리도 넘는 듯했다.

넓은 초원 위에 지어진 우리는 넓었다. 연못도 있고, 눈비를 피할 수 있는 지붕도 있었다. 그러나 지붕은 우리의 일부분만을 덮고 있을 뿐이었다. 동물원과 달리 날 수만 있다면 언제든지 탈출할 수 있는 구조였다.

거위는 야생 기러기를 가축용으로 개량시킨 것이었다. 거위를 처음 보았을 때 아버지에게 물은 적이 있었다.

— 왜 쟤네들은 날지 못하는 거죠?

아버지의 대답은 분명했다.

— 모든 것은 습관이란다. 날아 버릇하지 못한 새는 날지 못하는 법이야!

철망 안의 거위들은 하나같이 거대한 몸집을 지니고 있었다. 뱃살이 너무 쪄서 날기는커녕 걷기마저도 힘겨워 보였다.

"우리 안으로 들어갈 수 있겠어?"

"물론이지!"

티오는 보란 듯이 날개를 퍼덕이며 날아올랐다. 순간, 날갯죽지에 견디기 힘든 통증이 찾아왔다. 중심을 잃은 몸은 철망 중간쯤에 부딪쳤고, 볼썽사납게 땅바닥으로 추락했다.

가우치가 머리를 흔들었다.

"안 되겠어. 다른 방법을 찾아보자."

"아냐, 할 수 있어!"

티오는 한 차례 심호흡을 한 뒤에 힘껏 땅을 박차고 날아올랐다. 날개치기를 할 때마다 오른쪽 날개가 떨어져 나가는 것만 같았지만 꾹 참아냈다. 몸이 조금씩 떠올랐고, 가까스로 철망 윗부분을 가로지르고 있는 둥근 파이프에 내려앉을 수 있었다.

"와, 대단하네!"

티오는 어깨를 으쓱거렸다.

"뭘, 이 정도 가지고."

"갑갑하겠지만 느긋하게 지내. 상처는 시간이 말끔히 치유해줄 거야. 잠들거나 생각에 잠긴 틈을 타서."

"그래, 고마워!"

"난 이만 갈게."

가우치가 돌아서려 하자, 가슴속이 어두워졌다. 티오는 가슴속에 먹구름처럼 떠 있던 말들을 조심스레 내뱉었다.

"설마… 날 버리고 혼자서 바다를 건너가는 건 아니겠지?"

“걱정 마! 우린 친구잖아.”

“그래, 우린 친구지!”

“친구란 서로 돕고 격려하며 바다를 함께 건너가는 사이야. 단풍나무 잎이 모두 지기 전에 널 데리러 올게.”

가우치가 날아올랐고, 파란 하늘 저편으로 점점 멀어져 갔다. 시야에서 완전히 사라지고 나자 슬픔이 땅거미처럼 빠르게 내려왔다.

티오는 울적함을 달래기 위해서 노래를 불렀다.

아직은 괜찮아, 괜찮고말고!
하루에 천 가지 기쁨이 생겨나는 세상에서,
난 오늘 고작 한 가지 기쁨을 잃었을 뿐이야.
아마도 내일이면 또 다른 기쁨에 젖어서
오늘 내가 무엇을 잃었는지조차 잊어버리겠지.
아직은 괜찮아, 괜찮고말고!

기분이 한결 나아졌다. 티오는 한 차례 심호흡을 한 뒤 우리 안쪽으로 폴짝 뛰어내렸다.

“으랏차차!”

날개를 펼치며 사뿐히 내려앉으려 했으나 마음뿐이었다.

날개를 퍼덕이는 순간, 아찔한 통증이 찾아왔다. 중심을 잃은 티오는 그대로 질퍽한 땅바닥에 코를 박았다. 지독한 똥오줌 냄새가 풍겨왔고, 정신이 혼미해졌다.

"이건 어디서 굴러온 개뼈다귀야?"

호통 소리에 놀라서 벌떡 몸을 일으켰다. 거대한 몸집의 거위들이 사방을 에워싼 채 눈을 부라리고 있었다.

티오가 쾌활하게 말했다.

"안녕! 난 티오라고 해. 개인적인 사정이 있어서 여기에 잠시 머물렀으면 하는데 괜찮겠지?"

"누구 맘대로?"

우렁찬 목소리와 함께 대장 거위가 성큼 다가섰다.

"당장 꺼져!"

그러자 패거리로 보이는 다섯 마리의 거위가 동시에 소리쳤다.

"꺼지라잖아!"

"어허! 남도 아니고 친척끼리 이러면 안 되지."

티오의 말에 주변의 거위들이 고개를 끄덕였다. 그러나 대장과 패거리들은 조금도 양보할 기미를 보이지 않았다.

"우린 친척 따위는 필요 없어!"

그러자 다시 패거리들이 소리쳤다.

“필요 없다니까!”

“그렇게 감정적으로 나오지 말고, 이성적으로 생각해 봐! 내가 머문다고 해서 너희들에게 나쁠 게 뭐가 있어? 이웃에게 건네는 따뜻한 손길이 따뜻한 세상을 만드는 거라고.”

“좋을 것도 없잖아?”

“없고 말고!”

대장 거위와 패거리들이 차례대로 말했다.

“아냐, 있어! 내가 아침저녁으로 너희를 위해 세상에서 제일 아름다운 노래를 불러줄게.”

“노래 따윈 듣고 싶지 않아!”

“듣고 싶지 않다니까!”

티오는 당황했지만 가까스로 미소를 지었다.

“그럼 너희들이 보지도 들어보지도 못한 신기한 동물 이야기를 매일 하나씩 들려줄게.”

“동물 이야기 따위는 흥미 없어!”

“흥미 없어, 흥미 없어!”

점점 궁지에 몰리는 기분이었다. 아무래도 그들의 마음을 돌리려면 색다르고 특별한 게 필요했다.

“좋아, 그럼 이건 비밀인데 너희들에게만 특별히 알려줄게. 함부로 떠벌리고 다니면 안 돼, 알았지?”

흥미가 동하는지 거위들이 머리를 낮추고 귀를 기울였다.

"뭔데?"

티오는 목소리를 최대한 낮췄다.

"날 여기 머물게 해주면, 행복이 어디에 있는지 알려줄게."

"뭐? 행복이 있는 곳을 알려주겠다고?"

대장과 패거리들이 한바탕 웃음을 터뜨렸다. 그러자 전염된 듯 우리 안의 모든 거위가 일제히 따라 웃었다.

"좋아! 여기 있고 싶으면 얼마든지 있어."

"고마워."

대장이 커다란 눈동자를 굴리며 물었다.

"왜 갑자기 마음이 바뀌었는지 궁금하지?"

왠지 안 좋은 일이 벌어질 것 같은 예감이 들었다.

"뭐, 그다지 알고 싶지는 않아. 하지만 굳이 말하겠다면 들어줄게."

"너를 잘 이용하면 우리가 행복해질 수 있기 때문이야! 이렇게 쌓인 스트레스를 풀면 되거든."

대장이 쏜살같이 달려들더니 날갯죽지를 사정없이 휘둘렀다. 딱딱한 뼈에 가슴을 맞은 티오의 몸이 허공으로 붕 떠올랐다. 그리고 철창에 사정없이 부딪치고 나서 오물더미 위에 떨어졌다.

"맷집이 형편없군!"

"형편없어, 형편없어!"

티오는 비틀거리며 몸을 일으켰다. 제정신을 차리기도 전에 대장과 패거리들이 몰려들어서 부리로 온몸을 쪼아댔다.

— 주인 눈에 발각되지 않도록 조심하는 게 좋을 거야! 아마 널 발견하면 식탁에 올리거나 달아나지 못하도록 날개깃을 자르려 들 테니까.

티오는 가우치의 충고를 잊지 않았다. 살아남기 위해서는 거위 새끼로 변장해야 했고, 그러기 위해서는 머리 뒤에 있는 검은 줄무늬부터 감춰야 했다. 티오는 수시로 오물더미에 머리를 묻었다.

농장 주인은 뚱뚱한 남자인데 다행히도 알코올 중독자였다. 눈은 늘 충혈되어 있었고, 걸음은 낮이나 밤이나 갈지자를 그렸다. 그가 티오를 발견한 것은 한참 뒤였다.

"저 놈은 거식증이라도 걸린 거야? 왜 저렇게 말랐어. 게다가 꼬라지가 저게 뭐야? 천하의 말썽꾸러기가 따로 없군!"

시간은 하늘의 구름처럼 느릿느릿 지나갔다. 거위 대장인 몽슈와 패거리들의 괴롭힘은 끝이 없었다. 통 안의 사료는 물론이고, 연못의 물마저도 마시지 못하게 했다. 티오는 어쩔 수 없이 거위들이 먹다 흘린 사료로 허기를 달래고, 웅덩이에 고인 빗물로 목을 축였다.

몽슈와 패거리들은 연못을 독차지하고 놀았다. 무료해지면 시도 때도 없이 찾아와 폭력을 휘둘렀다. 티오의 몸은 하루도 성할 날이 없었다.

리더로서 무능하기 짝이 없는 몽슈를 지켜보고 있으면 습관처럼 아버지가 떠올랐다. 아버지는 무리의 안전과 행복을 위해서 헌신적으로 일했다. 그럼에도 불구하고 챙겨야 하는 무리의 수가 많다 보니 어려움이 끊이질 않았다.

친척들은 아버지에게 적당히 하라고 충고했다. 그때마다 아버지는 이렇게 대답했다.

― 평상시에는 잘 지내다가도 난관에 부딪치면 조직은 둘로 나뉘지! 등 뒤에서 불평하는 다수와 맨 앞에 나가서 문제를 해결하려고 안간힘을 쓰는 소수. 만약 무리에서 그 소수마저 없다면 조직은 와해될 수밖에 없어. 나는 누군가 해야 할 일을 하고 있는 것뿐이야!

어렸을 때는 아버지가 변명을 하고 있다고 생각했다. 그런데 이제는 어렴풋이나마 아버지의 심정을 이해할 수 있었다.

'어른들이 입을 모아 칭송하는 데는 다 이유가 있었어!'

원망스럽기만 했던 아버지가 처음으로 자랑스럽게 느껴졌
다. 눈을 감고 있으니 아버지의 얼굴과 함께 고향 풍경이 떠
올랐다. 눈 덮인 산봉우리, 발목을 부드럽게 감싸며 흐르는
갠지스 강물, 드넓은 초원에 지천으로 피어난 이름 모를 꽃
들, 저물녘 붉게 물든 하늘가로 울려 퍼지는 사원의 종소
리….

티오는 서편 하늘을 바라보았다.

'바다를 반드시 건널 거야! 그 어떤 어려움이 있더라도….'

건장한 남자가 트럭을 타고 농장에 찾아왔다. 쉴 새 없이
수다를 떨던 거위들이 일제히 입을 다물었다. 티오가 그 까닭
을 알기까지는 오래 걸리지 않았다.

잠에서 막 깨어난 듯 부스스한 머리를 한 농장 주인과 트럭
운전수가 우리 안으로 들어왔다. 트럭 운전수의 손에는 커다
란 잠자리채가 쥐어져 있었다.

숨바꼭질이 벌어졌다. 술래는 트럭 운전수였다. 거위들은
그가 휘두르는 잠자리채를 피해서 필사적으로 도망 다녔다.
농장 주인은 달아나는 길목을 지켰다. 그러나 그는 허수아비
나 다름 없었다. 거위를 잡기는커녕 연못에 빠져서 웃음거리

가 되었다.

티오는 도망 다니지 않아도 되었다. 트럭 운전수는 힐끗 한 번 돌아본 뒤 두 번 다시 눈길을 주지 않았다. 그는 살찌고 건장한 거위만 쫓아다녔다. 네 마리 거위가 붙잡히고 나서야 숨바꼭질은 끝이 났다. 그중에는 몽슈가 아끼는 부하도 끼어 있었다.

철창에 갇힌 거위들이 울부짖었다.

"이럴 수가! 동료들이 모두 끌려가도 나만은 절대 안 끌려갈 줄 알았는데…."

"언젠가 이런 날이 올 줄 알았지만 그날이 오늘일 줄이야!"

"좀 더 서둘러야 했어. 죽기 전에 우리를 탈출해 실컷 여행이나 하려고 했는데…."

"억울해! 난 꼭 해야 할 일이 있단 말이야!"

티오는 마음이 아팠다. 그러나 트럭 운전수의 귀에 그들의 사정 따위가 들릴 리 없었다. 운전수는 유유히 휘파람을 불며 떠나갔다.

남은 거위들은 가족과 동료를 잃은 슬픔에 젖었다. 고개를 푹 숙인 채 제자리에 서서 꼼짝하지 않았다. 우리 안에 무거운 정적이 흘렀다.

정적을 깬 사람은 농장 주인이었다. 괜찮은 가격에 거래가 이루어졌는지 콧노래를 흥얼거리며 사료를 갖고 왔다.

"기분이다! 오늘은 특별식으로 한턱 쏘마!"

갑자기 거위들의 눈동자가 커졌다. 그들은 타조처럼 빠르게 달려갔고, 언제 그랬느냐는 듯이 쾌활하게 수다를 떨며 식사를 하기 시작했다.

티오에게는 충격이었다.

'어떻게 그새 슬픔을 잊을 수 있는 거지?'

즐겁게 식사하는 거위들을 지켜보고 있으니 비로소 알 것 같았다. 몽슈와 패거리들이 왜 그렇게 집요하게 자신을 괴롭히는지.

'저들의 잠재의식은 죽음에 대한 공포에 사로잡혀 있어. 폭력은 잠시나마 공포를 잊기 위한 수단일 뿐이야.'

식사를 마친 몽슈와 패거리들이 시비를 걸어 왔다.

"야, 기분 나쁘게 뭘 빤히 쳐다봐?"

티오가 미처 변명할 틈도 없이 우르르 달려들었다. 날갯죽지로 쳐대다가 중심을 잃고 쓰러지자 부리로 머리를 쪼아대기 시작했다. 동료를 잃은 화풀이를 할 속셈인지 목과 눈을 쪼아대기도 했다.

그러나 티오는 더 이상 두렵지 않았다. 그들이야말로 세상에서 가장 형편없는 겁쟁이임을 알았기 때문이다.

날개의 상처는 더디게 아물어 갔다. 상처가 아물 틈도 없이 몽슈와 패거리들이 부리로 쪼아댔기 때문이다.

티오는 자주 악몽을 꾸었다. 밤사이 통통한 거위로 변하는 꿈이었다. 날기 위해서 땀을 뻘뻘 흘리며 날갯짓을 해보지만 소용없었다.

꿈에서 깨어나면 티오는 오래도록 하늘을 올려다보았다. '날아 버릇하지 못한 새는 날지 못한다'는 아버지의 말처럼 영원히 날지 못할까 봐 두려웠다.

'내가 정말 바다를 건널 수 있을까?'

문득, 이동을 앞두고 모두 모인 자리에서 아버지가 했던 말이 떠올랐다.

— 여러분은 무리의 일원임과 동시에 리더입니다. 스스로 리더라는 자부심을 갖고 비행에 임해주셨으면 합니다. 제가 일일이 지시하지 않더라도 스스로 생각과 행동을 결정하고 통제해야만 우리는 무사히 목적지에 닿을 수 있습니다.

티오는 실패로 돌아갔던 두 번의 도전을 돌아보았다. 첫 번째 실패는 어찌 보면 당연했다. 아무런 준비도 없이 의욕만 갖고 덤벼들었으니 성공할 리 없었다. 그러나 가우치와 함께 했던 도전은 여러모로 아쉬움이 남았다. 가우치는 안개 탓으로 돌렸지만 그것은 표면적인 이유에 불과했다.

'문제는 나에게 있었어. 나에겐 리더라는 자부심! 즉, 주인의식이 없었던 거야.'

돌이켜보니 히말라야 산맥을 넘을 때 무리에서 이탈한 것도 그 때문이었다. 그동안 열심히 행복을 찾아다녔지만 허탕친 것도 그 때문이었다. 주인의식이 없다 보니 달그림자를 잡으려는 개처럼 허상만 쫓아다녔을 뿐이었다.

'나에게는 왜 주인의식이 없는 걸까?'

곰곰이 생각해보니 두려움 때문이었다. 앞으로 나아가려 하면 세 가지 두려움이 장벽처럼 앞을 가로막았다. 나 자신의 능력을 믿지 못하는 데서 오는 두려움, 실패에 대한 두려움, 행복을 찾기도 전에 죽을지도 모른다는 두려움….

첫 번째 두려움은 삼촌에게서 가루라의 이야기를 듣고 난 뒤로 상당 부분 떨쳐버릴 수 있었다. 두 번째 두려움은 가우치를 만나면서 어느 정도 해소되었다. 문제는 세 번째 두려움이었다. 언제 찾아올지 모르는 죽음에 대한 공포.

티오는 체력이 바닥나고 마음이 약해질 때마다 엄습해왔던 두려움과 정면으로 맞섰다. 그는 긴 여정을 돌아보며 만났던 많은 이들의 삶을 떠올렸다.

며칠 뒤, 티오는 마침내 하나의 결론에 이르렀다.

'죽음은 태어날 때부터 예정된 거야. 죽음을 두려워하기보다는 최선을 다해서 살지 못했음을 두려워해야 해!'

바람에 날린 단풍나무 이파리가 허공으로 높이 솟구쳤다. 그중 한 잎이 우리 안으로 나풀거리며 떨어졌다.

거위들은 사료를 먹느라 나뭇잎 따위에는 시선조차 주지 않았다. 티오가 달려가서 나뭇잎을 주웠다. 벌레 먹은 구멍 사이로 파란 하늘을 올려다보고 있으니 아버지의 얼굴이 희미하게 떠올랐다.

'아버지, 잘 지내시죠?'

어렸을 때 강가로 가족 소풍을 갔던 기억이 났다. 물살이 천천히 흐르는 곳에서 헤엄치는 법을 가르쳐 주던 아버지를 그리고 있으니 코끝이 찡해졌다. 회상에 젖어 있는데 환청처럼 가우치의 목소리가 들려왔다.

"친구, 이제 떠날 시간이야!"

티오는 깜짝 놀라 고개를 돌렸다. 언제, 어디에서 날아왔는지 가우치가 철망 윗부분을 가로지르고 있는 파이프에 앉아 있었다.

“잊지 않았군! 그렇지 않아도 자네를 찾으러 가야 하나, 좀 더 기다려야 하나 고민하고 있었다네.”

티오는 땅을 박차고 오르며 힘차게 날갯짓을 했다. 오랜만에 날아오르는 거라서 걱정했는데 다행히도 몸이 사뿐히 떠올랐다. 놀란 거위들이 사료를 먹다 말고 일제히 쳐다보았다. 티오는 가우치 옆에 내려앉았다.

“상처는 완전히 나았군. 그런데 그런 몰골을 하고 길을 떠날 작정이야?”

“내 몰골이 어때서?”

“쯧쯧! 그렇게 초라한 모습으로 돌아다니면 자네만 초라해지는 게 아니라 친구인 나까지 초라해지는 거야.”

티오는 그제야 자신의 몸을 돌아보았다.

“아, 내가 착각했어! 말끔한 자네의 모습이 내 모습인 줄 알았지 뭐야.”

“더러운 건 그렇다 치더라도, 왜 이렇게 마른 거야?”

“그렇게 됐어. 잠깐만!”

티오는 수없이 상상했지만 한 번도 가본 적이 없었던 연못을 향해 날아갔다. 날개를 활짝 펼치며 두 발을 내밀었다. 몸이 수면 위로 기분 좋게 미끄러졌다. 티오는 콧노래를 흥얼거리며 목욕을 했다.

몽슈와 패거리들은 빤히 쳐다보기만 할 뿐 그 누구도 쫓아 내려 하지 않았다. 하찮은 벌레처럼 여겼던 티오가 하늘을 날 수 있다는 사실에 몹시 놀란 눈치였다.

티오는 전신의 오물을 말끔히 씻어낸 뒤 가우치 옆으로 날아갔다.

"훨씬 보기 좋군. 이제 가자!"

"잠깐! 미운 정도 정인데 작별 인사는 하고 가야지."

날개를 퍼덕여 깃털에 묻어 있는 물방울을 털어냈다. 무슨 말을 할까 궁금했는지 몽슈와 패거리들이 철창 가까이 다가 왔다.

티오로서는 오랫동안 기다려 왔던 순간이었다.

"자유를 팔아 안락함을 산 가엾은 사촌들이여! 그동안 그 대들이 베풀어준 멸시와 천대는 결코 잊지 않으마. 그대들 덕 분에 세상의 쓴맛을 보았고, 강철처럼 강해질 수 있었으니 이 또한 감사할 일 아니겠는가? 충고하건데 비록 그대들이 두 번 다시 하늘로 날아오를 일이 없다 하더라도, 하늘을 외면하 는 어리석음만은 범하지 않기를! 마침내 그날이 와서, 인간 의 식탁에 알몸으로 오를지라도 머리만큼은 하늘로 향하기 를! 만약 티 없이 맑고 푸르른 하늘을 보거든 그것은 내가 그 대들에게 보내는 연민의 미소임을 기억하기를!"

성난 몽슈가 소리쳤다.

"저 놈 잡아!"

"잡아!"

패거리들이 요란하게 날갯짓을 하며 펄쩍펄쩍 뛰었다. 그러나 그들은 모르고 있었다. 날아 버릇하지 않은 새는 날지 못한다는 사실을. 티오는 우리를 한 바퀴 빙글 돈 뒤, 하늘 높이 날아올랐다.

모처럼 만에 만끽하는 자유였다. 기쁨을 한껏 누리기 위해서 바람에 몸을 맡긴 채 눈을 감았다. 그런데 이상하게도 기쁨이 전혀 느껴지지 않았다.

앞서 날아가던 가우치가 돌아보지도 않고 물었다.

"속이 후련하니?"

순간, 티오는 뜨끔했다.

거위들에게 했던 말은 몽슈와 패거리들에게 시달릴 때마다 마음속으로 연습했던 것이었다. 복수를 하고 나면 속이 시원할 줄 알았는데 오히려 그 반대였다.

"젠장! 내가 멸시했던 그놈들보다 더 형편없는 놈이 되어 버렸어."

"복수는 사사로운 감정에 사로잡힌 자들의 몫이야. 바다를 건너려면 영혼이 자유롭고 투명해야 해. 그래야만 거침없이 날아갈 수 있거든."

티오는 후회스러웠다. 어쨌거나 거위 우리에 숨어 있었기에 목숨을 건지지 않았던가. 헤어지는 마당에 그렇게까지 심하게 굴 필요는 없었다는 생각이 들었다.

기분을 전환하기 위해서 휘파람을 불어보았다. 그러나 그마저도 이내 시들해졌다.

14

해질녘, 비행 연습을 마치고 돌아가는 길에 티오는 강가에 홀로 서 있는 검은목두루미를 보았다. 이동하는 도중 무리에서 떨어져 외톨이가 됐음이 분명했다. 긴 발을 차가운 강물에 담근 채 고개를 폭 숙이고 있는 그의 모습에서 깊은 슬픔이 느껴졌다. 순간, 까맣게 잊고 있었던 하후가 떠올랐다. 그에 대해서 들려주자, 가우치가 반색했다.

"장거리 비행을 할 때는 둘보다 셋이 유리해! 그런데 그 친구, 아직도 그곳에 있을까?"

"일단 가보자."

다음날, 아침 일찍 하후를 찾아 나섰다. 여러 개의 산을 넘

고 벌판을 지나서. 텃새는 덤불 속으로 숨고, 철새는 겨울을
나기 위해서 숲을 떠난 뒤여서 호수는 황량했다. 다른 곳으로
옮겼으면 어떡하나 걱정했는데 하후는 여전히 호수를 지키고
있었다. 하늘에서 내려다본 그는 마치 나무토막 같았다. 자고
있는 건지, 사색에 빠진 건지 호수에 떠서 꼼짝하지 않았다.

그들이 곁에 내려앉자, 번쩍 눈을 떴다. 티오가 먼저 인사
를 했다.

"친구, 안녕!"

하후의 눈동자가 휘둥그레졌다.

"이게 누구야? 두 번 다시 못 볼 줄 알았는데…."

"그동안 어떻게 지냈어?"

"하하하! 나야 잘 지냈지."

"그러고 보니 지난번보다 살도 좀 붙었는걸."

"마음이 편하니까."

티오는 하후의 변신에 내심 놀랐다.

"이곳 생활에 완전히 적응한 모양이네."

"한동안 여기저기 돌아다녀 봤는데 여기만한 곳이 없더라
고. 들판 너머에 큰 강이 흐르고 있거든."

"겨울도 여기서 나는 거야?"

"응, 그렇게 춥지는 않아."

티오는 고개를 갸웃거렸다. 지역에 따라 다소 차이가 있다고 해도, 겨울이 춥지 않다는 것은 이해가 되지 않았다.

"한겨울에는 호수가 꽁꽁 얼어붙을 거 아냐?"

"뭐, 그렇긴 한데, 고작해야 열흘 남짓이야. 그런데 여기는 웬일이야? 머물 곳을 찾아다니는 중이라면 나랑 같이 있자! 먹잇감도 풍부하고 들짐승들도 많지 않아서 지내기는 아주 좋아."

티오가 머리를 흔들었다.

"제의는 고맙지만 우리는 고향으로 돌아갈 거야. 너도 같이 가는 게 어때?"

"후훗! 아직도 미련을 못 버렸군. 이제 포기할 때도 됐잖아?"

묵묵히 옆에서 듣고 있던 가우치가 나섰다.

"우리에게는 포기할 수 없는 이유가 있어."

"그게 뭔데?"

"그 전에 한 가지 물어볼 게 있는데 솔직하게 대답해줄래?"

"좋아!"

"아내를 무척 사랑한다고 들었어. 아내 없이 행복하게 살 수 있다고 생각해?"

하후의 표정이 무거워졌다. 지금까지 연극을 했던 걸까. 갑자기 그의 두 눈에 그렁그렁한 눈물이 차올랐다.

"그게… 불가능할까?"

가우치는 신중하게 고개를 끄덕였다.

"많은 이들이 행복을 꿈꾸지만 정작 행복해지지 못하는 건 중요한 순간에 주저앉아 버리기 때문이야."

"그럼 어떡해야 하는데?"

"용기를 내서 바다를 건너야지!"

"확실히 바다를 건널 수 있다는 보장도 없잖아?"

"세상에 확실한 것은 아무것도 없어! 상상하고, 도전하고, 부딪쳐 쓰러지고, 다시 일어서고 하는 사이에 점점 확실해지는 거야."

"하지만 바다를 건너다 죽는다면 그딴 게 무슨 의미가 있어?"

"그럼 지금의 삶은 의미가 있고?"

하후는 고개를 푹 숙인 채 물에 비친 자신의 모습을 물끄러미 바라보았다. 감정 없는 그림자임에도 불구하고 외로움이 덕지덕지 묻어 있었다.

"그런데 포기할 수 없는 이유란 건 뭐야?"

"이곳에서는 절대 찾을 수 없는 것이 바다 건너에 있기 때문이지."

“그게 뭔데?”

“기쁨이라고 해도 좋고, 성취감이라고 해도 좋아. 거부감이 인다면 그냥 우리가 살아가는 이유라고 해도 좋아! 나도 한참 찾아봤는데 이곳에는 없더라고. 바다를 건너야 만날 수 있는 것들이지.”

하후는 묵묵히 고개를 끄덕였다. 하나같이 오래전에 맛봤던 감정이었다.

“아내가 그립지?”

가우치의 물음에 하후가 고개를 끄덕였다.

“그거 알아? 자네가 아내를 그리워하는 만큼 아내도 자넬 그리워한다는 거….”

하후는 방심하고 있다 급소를 찔린 듯이 깜짝 놀랐다.

“사랑하는 이들은 멀리 떨어져 있어도 감정을 공유하거든! 보나마나 슬픈 날들을 보내고 있을 거야. 자네의 슬픔이야 자네 스스로 선택한 거니 그렇다 하더라도 아내의 슬픔은 어떡할 거야?”

“아내의 슬픔?”

“아내에 슬픔에 대해서 한 번도 생각해본 적이 없단 말이야? 생각했던 것보다 이기적인 친구군!”

하후의 표정이 딱딱하게 굳어 갔다.

"결혼을 했으면 나보다도 가족을 위해서 용기를 내야 하는 거야! 가족이 행복해야 내가 행복해지거든."

"나에게 끔찍한 고통을 안겨주었던 바다를 다시 건너가자고?"

티오가 대신 대답했다.

"우린 너의 경험이 필요해!"

"나에게는 경험이 아니라 악몽이야."

"악몽이라면 한시라도 빨리 깨어나야지. 언제까지 악몽 속에서 허덕이고 있을 거야?"

티오의 말이 화살처럼 날아와 가슴에 꽂혔다. 하후는 오랜 망설임에 마침표를 찍기로 결심했다.

"좋아! 이젠 행복한 척하기도 지쳤어!"

4

고난에게 길을 묻다

한계 ― 한계란 뛰어넘어야 할 하나의 선에 불과하다

15

겨울이 되자 바닷바람은 칼날처럼 매서워졌다. 금방이라도 뒤집힐 듯 출렁이는 바다를 보며 가우치가 말했다.

"두려움을 이기는 가장 좋은 방법은 직접 부딪쳐 보는 거야. 아무리 강한 상대라도 부딪치고 또, 부딪치다 보면 허점이 보이지."

하후의 약한 마음을 다잡아 주기 위함일까. 가우치는 훈련 강도를 높였다.

"바람을 이겨내지 못하면 바다를 건널 수 없어!"

가우치는 독수리나 솔개보다도 높이 올라갔다. 고도가 높아지자 기온은 급격히 떨어졌고 바람도 거세졌다. 해안가의 갈매기들이 작은 점처럼 보였다. 맞바람이 불어왔다. 몸의 중심을 잡는 것은 물론이고 숨쉬기조차 힘들었다.

"도저히 못 참겠어!"

하후가 견디다 못해서 하강하려고 하자 가우치가 외쳤다.

"어떤 일이 있어도 무리에서 이탈하면 안 돼!"

"죽을 것 같아!"

"차라리 훈련하다 죽는 게 나아! 바다를 건너다 뒤처져서 외롭게 죽는 것보단…."

가우치의 말에 공감한 걸까. 내려가려던 하후가 방향을 틀어 다시 올라왔다.

비행 연습의 강도는 점점 높아졌다. 해발 1만 미터 이상의 높이에서 훈련을 하다 보면 가끔씩 구토와 함께 전신 마비 증세가 찾아오곤 했다. 처음에는 견디지 못하고 하강하곤 했는데 나중에는 면역이 됐는지 그럭저럭 견딜 만했다.

힘든 훈련을 마치고 나면 몸은 녹초가 되었다. 그러나 마음속 가득 성취감이 차올랐고, 성취감은 이내 자신감으로 바뀌었다.

추위가 한풀 꺾이자 그들은 먹잇감을 찾아서 남쪽으로 이동했다. 나흘을 꼬박 내려가니 갈대로 뒤덮인 훌륭한 습지가 보였다. 바닷물과 강물이 합쳐지는 지점이었다. 물가에는 싱

싱한 풀이 돋아나 있었고, 갯벌에는 영양가 높은 조개와 지렁이가 지천으로 깔려 있었다.

그들은 어쩌면 지상에서 마지막이 될지도 모르는 만찬을 즐겼다. 보름 남짓 지나자 모두들 늘어난 지방으로 인해서 거위 새끼처럼 통통하게 변했다. 지방은 추위를 막아주는 외투임과 동시에 바다를 건너는 데 사용될 에너지였다.

출발 준비를 모두 끝내고 해안가로 이동했다. 태양을 올려다보며 갠지스 강과의 거리를 가늠해 보았다.

하후가 고개를 절레절레 흔들었다.

"너무 멀어. 우리가 비행 연습을 했던 곳으로 올라가야 해!"

티오의 생각은 달랐다.

"여기서 출발하는 것도 괜찮을 것 같은데. 바람도 잔잔하고, 날씨도 포근하잖아? 이런 날씨라면 먼 바다라 하더라도 눈보라가 치지는 않을 거야."

"태평양은 우리가 생각하고 있는 것보다 훨씬 넓어! 최대한 비행 거리를 줄여야 돼."

묵묵히 대화를 듣고 있던 가우치가 말했다.

"북쪽으로 올라갈수록 이동 거리가 짧아지는 건 사실이야. 하지만 그쪽은 기후 변화가 심하기 때문에 오히려 위험할 수도 있어. 여기서 출발하도록 하자!"

함께 생활하는 동안 가우치는 자연스럽게 리더가 되어 있었다. 가우치가 결론을 내리자 하후도 더 이상 반대하지 않았다.

티오는 신이 났다. 한시라도 빨리 고향으로 가고 싶어 파란 하늘로 날아오르려는데 가우치가 만류했다.

"잠깐, 기다려!"

티오는 흠칫 날갯짓을 멈추고 하늘을 올려다보았다. 허공에 흰머리수리가 떠 있었다. 따뜻한 날씨로 상승 기류가 일어나자 모처럼 만에 사냥을 나온 모양이었다. 굶주린 흰머리수리는 먹잇감을 찾아서 한 바퀴 돌고는 육지 쪽으로 날아갔다.

흰머리수리가 사라지자 가우치가 땅을 박차고 날아올랐다.

"출발!"

티오와 하후도 동시에 하늘로 솟구쳤다.

바닷바람은 믿기지 않을 정도로 부드러웠다. 그들은 삼각 편대를 이룬 채 상승 기류를 타고 천천히 이동했다.

티오는 콧노래를 흥얼거렸다. 한동안 묵묵히 비행하던 하후가 지루한지 투덜거렸다.

"이건 너무 느려! 이대로라면 한 달도 넘게 걸릴 거야."

"우리가 가야 할 길은 멀어! 벌써부터 긴장할 필요는 없어.

티오처럼 몸에 힘을 빼고 이 순간을 즐기라고!"

티오가 곧바로 가우치의 말을 받았다.

"그래! 우리가 언제 또다시 이 넓은 바다를 여행하겠어? 먼 훗날, 파도처럼 출렁이는 보리밭 위를 날아가다 보면 지금 이 순간이 그리워질 거야."

하후는 머리를 절레절레 흔들었다. 둘 다 제정신이 아닌 게 분명했다. 무사히 태평양을 건널 수 있을지조차 알 수 없는 상황에서 먼 훗날이라니!

가우치는 북서쪽으로 방향을 잡았다. 연습 비행 도중, 눈여겨 봐 두었던 섬에 도착한 것은 사흘째 되는 날이었다. 가우치와 티오는 곧바로 잠이 들었다. 그러나 하후는 긴장한 탓인지 쉽게 잠을 이룰 수 없었다. 갈매기 울음소리와 파도소리가 밤새 귓가를 넘나들었다.

16

지금까지 그래 왔듯, 시작은 순조로웠다.

비행에 관한 모든 것은 가우치가 통제했다. 그러나 선두 비행만은 수시로 돌아가면서 했다. 선두에서 비행하면 바람의 저항을 고스란히 받아야 했다. 반면 후미는 바람의 저항이 줄어들어서 한결 수월했다.

가우치는 대기 상태가 비교적 고른, 태양이 뜨기 전과 태양이 지고 난 뒤에 비행 속도를 최대한으로 높였다. 나머지 시간에는 기류의 변화에 따라서 속도를 조절했다.

닷새째가 되자 눈보라를 동반한 역풍이 불었다. 가우치는 오히려 비행 속도를 높였다. 내부에서 열을 발산해 체온이 떨어지는 것을 방지하기 위해서였다. 정신없이 가다 보니 눈보라는 겨울비로 바뀌었고, 다시금 자욱한 안개로 바뀌었다.

안개에 둘러싸이자 티오는 내심 당황했다. 지난번처럼 다시 실패로 끝날까 봐 불안해하고 있는데 가우치가 서서히 고도를 높였다.

얼마나 높이 올라왔을까. 한순간 시야가 확 트였다. 발밑에는 안개가 자욱한데 머리 위에는 태양이 떠 있었다. 귀청이 먹먹할 정도로 세찬 바람이 불어왔다. 그러나 훈련하면서 겪었던 상황인지라 비행하는 데 큰 어려움은 없었다.

반나절 남짓 날아가자 발밑의 안개가 가셨다. 가우치가 기다렸다는 듯이 고도를 낮췄다. 그들은 바다 위를 낮게 날아가며 휴식을 취했다.

가도 가도 막막한 바다뿐이었다. 잠시 쉬었으면 좋겠는데 쉴 만한 곳은 좀처럼 나타나지 않았다. 비행을 시작한 지 일주일이 넘어가자 체력은 급격히 떨어졌고, 견디기 힘든 졸음이 쏟아졌다.

티오는 정신력으로 육체의 한계를 극복하고자 했으나 쉽지 않았다. 비행 도중 자신도 모르게 잠깐씩 졸기도 했다. 누군가의 목소리에 놀라 화들짝 눈을 뜨면 혼자 바다 위를 낮게 날고 있었다. 하후도 사정은 마찬가지였다. 이탈이 잦아지자 가우치가 맨 뒤에서 비행했다.

오전보다는 오후 비행이 훨씬 더 힘들었다. 해가 중천에 떠 있는 동안에는 바람의 저항을 줄이기 위해서 고도를 낮췄다. 낮은 고도로 날아가다 보면 바닷물에 반사된 햇살이 두 눈을 찔렀다.

티오는 견디기 힘든 유혹을 느꼈다. 머릿속이 몽롱해지자 바다가 마치 폭신한 잔디밭처럼 보였다. 유혹을 이기지 못한 티오가 마침내 날개를 접었다.

'더 이상은 못 참겠어!'

무거운 날개를 내려놓고 출렁거리는 바다에 내려앉았다.

비로소 살 것 같았다. 눈꺼풀이 스르르 감겼다.

가우치의 목소리가 들려왔다.

"위험해! 힘들게 여기까지 왔는데 죽고 싶어서 그래?"

티오는 감기려는 눈꺼풀을 가까스로 밀어 올렸다.

"뭐가 위험하다는 거야? 이렇게 평화로운데!"

사방을 둘러보았다. 주변은 믿기지 않을 만큼 고요했다. 하늘은 푸르렀고, 바다 역시 하늘을 닮아서 온통 푸르렀다. 어디가 하늘이고, 어디가 바다인지 도무지 분간이 가지 않았다.

"눈에 보이는 것만이 전부가 아냐! 위험은 방심한 틈을 타서 찾아오는 법이야."

"자고 싶어! 더도 말고 딱 십 분만."

"여기서는 안 돼! 조금만 더 가면 편안하게 쉴 장소가 나타날 거야!"

"얼마나 더?"

"그리 오래 걸리지는 않을 거야. 어서 가자!"

"정말이지?"

"그래!"

가우치의 재촉에 못 이겨 티오는 날개를 퍼덕이며 날아올랐다. 그 순간, 물속에서 거대한 상어가 솟구치더니 입을 떠억 벌렸다.

“으악!”

기겁을 한 티오는 혼신의 힘을 다해서 날갯짓을 했다. 먹잇감을 놓친 상어는 하늘을 한 입 베어 물고는 그대로 바닷물 속으로 곤두박질쳤다. 육중한 몸이 떨어질 때 튀어 오른 물보라가 날개깃을 적셨다.

“휴우—. 가슴이 철렁했네!”

잠은 어느새 멀찍이 달아나 있었다.

다시 끝을 기약할 수 없는 비행이 이어졌다. 사실 조금만 더 가면 쉴 곳이 나타날 거라는 가우치의 말은 믿을 수 없었다. 태평양을 건너온 하후의 말이라면 몰라도. 그럼에도 불구하고 티오는 가우치의 말을 철석같이 믿었다. 그것은 사실 여부를 떠나서 유일한 희망이었다.

티오는 졸음이 눈앞에서 아른거릴 때마다 물었다.

“얼마나 더 가야 하는데?”

가우치는 매번 확신에 차서 대답했다.

“조금만 더 가면 돼!”

그때마다 사라졌던 희망은 신기루처럼 슬그머니 모습을 드러내곤 했다.

17

바다 위에 떠 있는 무인도를 발견한 것은 그로부터 이틀이 나 지나서였다. 섬 주변에는 바닷새들이 어지러이 비행하고 있었다.

하후가 노랑발부비의 뒤를 바짝 쫓고 있는 군함새를 보며 물었다.

"쟤네들은 뭐하고 있는 거야?"

티오가 대답했다.

"부비가 사냥한 물고기를 군함새가 강탈하려는 거야!"

군함새의 깃털은 충분히 방수되지 않기 때문에 물 위에 내 려앉는 법이 없다. 어쩔 수 없을 때는 직접 물고기를 사냥하 기도 하지만 대개는 남이 사냥한 물고기를 빼앗는다. 둥지를 지을 때도 마찬가지로 다른 새들이나 같은 군함새가 뺏어 온 나뭇가지를 뺏어서 짓는다.

바다의 해적으로 악명 높은 군함새를 피해서 그들은 섬 안 쪽에 자리를 잡았다. 바닷새들이 침입자를 예리한 눈빛으로 노려보았다. 팽팽한 긴장감이 흘렀다. 호기심을 못 이기고 군 함새 한 마리가 먼저 다가왔다. 목에 선홍색 주머니가 달려 있는 것으로 봐서 수컷이었다. 갈고리 모양의 긴 부리가 위협

적이었다.

군함새는 길고 뾰족한 검은 날개를 펼치며 위협적인 울음을 토했다.

“너희들은 뭐야? 당장 꺼져!”

가우치가 소리쳤다.

“이봐! 여기서 둥지를 짓고 살겠다는 것도 아니고, 하룻밤만 머물다 가겠다는데 그렇게 야박하게 굴 건 없잖아?”

“여기는 성스러운 섬이야. 너희 같은 잡놈들이 머무는 곳이 아냐!”

“도대체 어디로 가라는 거야?”

“그건 내 알 바가 아니지! 당장 눈앞에서 사라지지 않으면 용서하지 않겠어!”

군함새가 당장이라도 공격할 듯이 날갯죽지를 들어 올렸다 내리면서 숨을 거칠게 몰아쉬었다.

하후가 잔뜩 겁에 질려서 물었다.

“어떡하지?”

“마음의 준비를 단단히 하고 있어.”

“저렇게 큰 새와 싸우겠다고? 보나마나 질 거야!”

티오가 두근거리는 가슴을 짓누르며 말했다.

“걱정 마! 우린 셋이잖아.”

"고작 셋이잖아! 저들은 수십 마리라고!"

"용기를 내! 여기서 물러서면 더 이상 갈 곳이 없어!"

"난 자신이 없어. 그냥 떠나자."

가우치가 펄쩍 뛰었다.

"그건 안 돼! 여기서 충분한 휴식을 취하지 못하면 우린 절대 바다를 건널 수 없어!"

"난… 너무 무서워."

하후가 뒷걸음질 치는가 싶더니 몸을 돌려 그대로 날아가 버렸다. 멀어져 가는 하후의 뒷모습을 보고 있으니 티오의 마음도 흔들렸다.

"어떡하지?"

"우리 둘이서라도 싸우자. 머리만 집중적으로 공격해!"

"좋아! 이대로 물러설 수는 없지!"

군함새가 다시금 날개를 부풀리며 매섭게 노려보았다.

"뭐야? 한번 해보겠다는 거야?"

호흡이 빨라지면서 몸이 움츠러들었다. 티오는 잠시 눈을 감았다. 불을 뿜어대는 용들과 싸우는 가루라를 떠올리니 불끈 용기가 솟아났다.

"본때를 보여주마!"

군함새가 탐색을 끝냈는지 커다란 날개를 펄럭이며, 가우치 무리의 공간으로 성큼 뛰어들어왔다.

동시에 가우치가 소리쳤다.

"공격!"

티오는 목을 길게 빼고 가우치와 함께 군함새에게 달려들었다. 기세에 눌렸는지 군함새가 주춤거리며 한발 뒤로 물러섰다가 다시 공격해왔다.

날개와 부리가 서로 부딪치며 치열한 전투가 벌어졌다. 티오와 가우치는 땅을 박차고 날아올라서 머리를 공격했다. 날갯죽지로 머리를 사정없이 치기도 했고, 부리로 눈가를 쪼기도 했다.

군함새는 바다의 해적답게 쉽게 물러서지 않았다. 날카로운 부리로 닥치는 대로 쪼아댔다. 티오의 머리에서 피가 흘러내렸고, 가우치의 목덜미가 붉게 물들었다. 그러나 그들은 한 발짝도 물러서지 않았다. 아니, 물러설 수 없었다. 싸움에서 지면 기다리고 있는 것은 죽음뿐이라는 사실을 잘 알기 때문이었다.

팽팽했던 싸움은 티오와 가우치의 체력이 급속도로 떨어지면서 군함새의 우위로 점점 기울기 시작했다. 숨을 헉헉거리며 혼신의 힘을 다해서 싸우고 있는데 허공에서 귀에 익은 외침이 들려왔다.

“모두 비켜!”

깜짝 놀라 올려다보니 하후가 먹이를 노리는 한 마리 매처럼 수직 낙하하고 있었다. 하후는 벼락처럼 떨어져 내리며 오른쪽 날갯죽지로 군함새의 목을 내리쳤다.

크윽!

군함새가 고통스런 신음을 토해내며 쓰러질 듯 비틀거렸다. 가까스로 중심을 잡은 군함새는 뒷걸음치다가 등을 돌리고 달아났다.

야호!

그들은 곧바로 승리의 함성을 지르며 춤을 췄다. 승리의 춤은 팀을 결속시킴과 동시에 힘을 과시하는 효과가 있었다. 주변을 빙글빙글 맴돌며 홰를 치자 다른 새들이 묵묵히 바라보았다.

바닷새들은 이내 침입자에 대한 관심을 거둬들였다. 그것은 곧 섬에 묵어도 좋다는 승인이었다.

하후가 다가서며 머리를 숙였다.

“미안해. 너희들을 남겨놓고 나만 달아나서….”

가우치가 싱긋 웃었다.

“난 네가 우릴 도우러 올 줄 알았어!”

“어떻게?”

“우린 동료잖아!”

가우치가 날개로 가볍게 등을 치자 하후가 멋쩍은 미소를
지었다.

긴장이 풀린 탓일까. 잊고 있었던 고통이 밀려들었다. 티오
는 날개로 머리를 감싸며 털썩 주저앉았다.

“너무 아파.”

가우치가 부리로 깃털을 들추고 상처를 들여다보았다.

“상처가 깊지는 않아. 며칠 지나면 아물 거야.”

가우치가 부리로 티오의 상처 부위와 깃털에 묻은 피를 정
성스레 닦아 주자, 지켜보고 있던 하후도 다가서더니 가우치
의 상처를 어루만져 주었다.

18

태양은 먹구름에 가려 보이지 않았다. 서풍이 불어왔고, 빗
방울이 후두두 떨어졌다. 그들은 다시 하늘로 날아올랐다.

머지않아 개리라는 예상을 깨고 빗방울은 점점 거세졌다.
고막이 먹먹하도록 요란스럽게 천둥이 쳤고, 하늘이 쩍 갈라
지면서 번개가 떨어졌다. 가우치는 방향을 잃을 새라 고개를

169

꼿꼿이 들었고, 하후와 티오는 겁에 질려 목을 잔뜩 움츠린 채 비행했다.

번개가 떨어질 때마다 가슴이 철렁했다. 날개 바로 옆으로 번개가 떨어질 때는 심장이 멎는 것만 같았다. 티오는 바람의 신, 번개의 신, 바다의 신, 비의 신 등과 싸웠을 가루라를 떠올렸다.

'나도 싸워 이길 수 있어! 가루라는 혼자였지만 나에게는 동료들이 있잖아!'

세상이 온통 암흑으로 바뀌는가 싶더니 거짓말처럼 비가 멎었다. 먹구름이 빠르게 등 뒤로 밀려나자 신천지가 펼쳐졌다. 수평선 위로 쌍무지개가 걸렸고, 회색 구름 사이로 환한 빛줄기가 폭포수처럼 쏟아졌다. 빛줄기는 바닷물과 부딪치자 유리처럼 사방으로 빛을 반사했다. 그것은 빛이 아니라 마치 아름다운 음악 같았다.

가우치는 최소한의 에너지로 최대한 멀리 날기 위해서 기

류와 바람의 방향에 따라서 수시로 비행법을 바꿨다.

그들은 비행에 최대한 집중했다. 집중은 입구가 비좁은 동굴과 비슷하다. 들어가기가 어렵지 일단 안으로 들어가면 생각보다 훨씬 편안하다.

육지는 좀처럼 보이지 않았다. 여행이 길어지면서 축적해둔 지방은 하루가 다르게 급속도로 줄어갔다. 출발할 때에 비해서 모두들 반쪽이 되어 있었다.

수많은 낮과 밤이 날개 사이로 빠져나갔고, 그와 함께 기운도 점점 떨어졌다. 그나마 한 가지 위안이라면 화창한 날씨가 계속 이어지고 있다는 것이었다.

지칠 대로 지쳐 있는데 파도 위로 무언가 움직였다. 가까이 다가가 보니 고래 떼였다. 고래들이 무리지어서 서쪽으로 이동하고 있었다.

가우치는 비행 속도를 고래 떼의 이동 속도에 맞췄다. 다행히도 상승 기류가 생성되어 있어서 날갯짓을 하지 않고도 천천히 이동할 수 있었다. 고도가 점점 낮아져서 고래의 등지느러미에 닿으려 하면 다시금 날갯짓을 해서 높이 떠올랐다.

티오는 고래와 함께하는 여행이 즐거웠다. 비록 말은 통하지 않지만 동지애가 느껴졌다. 반나절 남짓 같은 방향으로 이동하던 고래 떼는 한순간에 시야에서 사라졌다. 그러고는 두 번 다시 모습을 드러내지 않았다.

가우치는 비행 속도를 높였다. 티오는 아쉬움을 달래기 위해 힘차게 날개를 저었다. 하지만 그동안 쌓인 피로 때문일까. 의지와는 반대로 몸이 점점 밑으로 내려앉았다.

석양이 지자 수평선 주변이 불붙은 듯 붉게 물들었다. 이내 바닷물도 핏빛으로 변했다. 티오는 습관적으로 날갯짓을 했지만 더 이상 날 기운이 없었다. 바다에 내려앉고 싶은 욕망과 싸우고 있는데 가우치의 목소리가 환청처럼 들려왔다.

“잠시 동안 휴식!”

하후가 깜짝 놀라서 물었다.

“여기서 쉬자고?”

“그래! 걱정 말고 쉬어. 내가 공중에서 감시할 테니까.”

“고마워, 대장!”

티오가 반색하며 출렁이는 파도 위에 사뿐히 내려앉았다. 한참을 주저하던 하후도 조심스레 내려앉았다. 가우치는 머리 위를 맴돌며 바다 밑에서 물고기들이 공격해오지 않나 살폈다.

피로가 몰려오며 스르르 두 눈이 감겼다. 잠깐이라도 눈을 붙이고 싶었지만, 자꾸만 날카로운 상어 이빨이 떠올라서 잠을 이룰 수 없었다.

흔들리는 파도 위에 떠서 잡념에 시달리고 있는데 가우치의 목소리가 들려왔다.

"다시, 비상!"

티오는 주저하지 않고 하늘로 날아올랐다. 날개에 힘이 빠져서 물을 박차고 날아오르기가 쉽지 않았다. 몸이 자꾸만 가라앉았다. 그러나 머릿속은 반드시 날아올라야 한다는 생각뿐이었다.

그 누구도 아닌 대장의 명령이므로.

19

하후가 물었다.

"저게 뭐지?"

순간, 티오는 눈을 의심했다. 놀랍게도 고기잡이 어선이었

다. 너무도 반가운 나머지 헛것을 보고 있는 건 아닌지 의심
스러울 정도였다. 티오가 다가가려 하자 가우치가 소리쳤다.

"기다려!"

가우치는 배 주변을 조심스레 맴돌았다. 안전하다는 판단
이 서자 마스트에 내려앉았다. 티오와 하후도 곧바로 옆에 자
리를 잡았다.

어선은 정박한 채 게 잡이에 한창이었다. 네모난 철망을 끌
어올릴 때마다 수많은 게들이 모습을 드러냈다.

참으로 오랜만에 딛는 단단한 세계였다. 눈사태처럼 졸음
이 쏟아졌다. 티오는 이내 곯아떨어졌다. 한잠 자고 일어났더
니 머릿속이 개운했다.

배는 어둠 속에서 조심스레 파도를 헤치며 나아가고 있었
다. 하후는 날개깃 속에 머리를 묻은 채 세상모르고 자는 중
이었다. 그러나 가우치는 머리를 꼿꼿이 세운 채 말없이 갑판
을 내려다보고 있었다.

"대장! 여태 안 잔 거야?"

"어부들의 움직임을 살피고 있었어."

"우릴 해칠까 봐?"

"응. 조심해서 나쁠 것 없잖아."

순간, 가슴이 뭉클해졌다.

"이제부터 내가 보초 설 테니 눈 좀 붙여."

"그럼 부탁할게."

가우치는 눈을 감았고, 얼마 지나지 않아서 가볍게 코를 곯았다.

부융한 여명이 밝아오는가 싶더니 빗방울이 후두두 떨어지기 시작했다. 배가 멈춰 서자 선원들이 갑판으로 나왔다. 그들은 다시 조업을 하기 시작했다. 비가 멎나 싶더니 우박이 쏟아졌다. 세찬 바람이 불어오자 배가 휘청거렸다.

잠에서 깨어난 하후가 중얼거렸다.

"도대체 이게 무슨 조화지? 아무래도 불길해."

티오는 점점 가까이 다가오는 붉은 구름을 올려다보았다. 한순간 전기에 감전된 듯 전신이 찌릿찌릿해지면서 털이 곤두서는 것 같은 느낌이 들었다.

머리 위쪽에서 쇠를 콘크리트 바닥에 갈 때 나는 것 같은 기분 나쁜 소리가 들려왔다. 티오는 깜짝 놀라 고개를 들었다. 마스트에 설치된 피뢰침에서 파란 불꽃이 끊임없이 뿜어져 나왔다.

조업을 하던 선원 중 한 명이 외쳤다.

"성 엘모의 불이다!"

선원들은 일제히 조업을 중단하고 허둥지둥 선실 안으로

들어갔다.

하후가 고개를 갸웃거렸다.

"성 엘모의 불이 뭐지?"

언제 잠에서 깼는지 가우치가 침착하게 말했다.

"분명한 건 우리도 피해야 한다는 거야!"

"어디로?"

티오가 묻자, 가우치가 날아오르며 외쳤다.

"따라와!"

가우치는 지금까지와는 반대 방향으로 날아갔다.

'왜, 저쪽으로 가지?'

티오가 고개를 갸웃거리며 그 뒤를 따라갔다. 배에서 벗어나는 순간, 번개가 떨어졌다. 요란한 굉음에 깜짝 놀라 돌아보았다. 피뢰침에 번개가 떨어졌는지 배는 멀쩡했다.

가우치는 붉은 구름의 영역에서 벗어나자 고도를 높여서 하늘로 솟구쳤다. 구름 위에는 곳곳에 안개가 끼어 있었다. 안개는 마치 살아 있는 용처럼 꿈틀거리며 빠르게 어디론가 이동하고 있었다.

하후가 소리쳤다.

"그만 올라가! 숨을 못 쉬겠어."

"다 왔어, 조금만 참아!"

다시 한참을 올라가자 한순간 시야가 탁 트였다. 그러나 바람이 너무 거세서 뼈마디가 부러질 듯이 아팠다.

가우치가 방향을 바꿔 서쪽으로 날아가기 시작했다. 세찬 맞바람이 불어왔다. 티오와 하후는 바람의 저항을 줄이기 위해서 가우치의 뒤에 바짝 붙었다. 날아가다 보니 발아래 붉은 구름이 보였다. 구름 속에서는 끊임없이 파란 불꽃이 튀었다.

얼마나 왔을까. 발아래 구름이 말끔히 사라지자 가우치는 천천히 고도를 낮췄다. 바다는 그림처럼 평화로운 모습이었다. 언제 천둥 번개가 쳤냐는 듯이.

20

끝없는 비행이 계속되었다.

티오는 자주 한계에 부딪쳤다. 더 이상 비행이 불가능하다고 느낀 적이 한두 번이 아니었다. 어떤 때는 너무 힘이 들어서 차라리 죽는 게 낫겠다는 생각마저 들었다. 혼자였다면 오래전에 포기했을 비행이었다. 그러나 안간힘을 짜내서 비행하고 있는 동료들을 보면 차마 포기라는 말이 입 밖으로 떨어지지 않았다.

　머리를 똑바로 들어 올릴 기력조차 없을 때에는 노래를 불렀다. 티오의 노랫소리는 너무 작아서 뜨거운 사막 아래로 흘러가는 물소리 같았다.

나 이제 건너려 하네.

상상 속에서는 수없이 건넜지만

실제로는 단 한 번도 건너지 못했던 바다.

가슴앓이를 하며 바라보는 사이

시간은 갠지스 강물처럼 흘러가

목숨이 반쯤 빠져나갔을 때

돌아가신 어머니가 꿈속에서 나타나 이렇게 말씀하셨지.

"애야, 망설이지 말고 바다를 건너렴.

나처럼 평생 후회하며 살지 말고."

나 이제 건너려 하네.

누구나 건너가기를 소망하지만

누구도 건너가기를 망설이는 바다.

그래도 나는 가리라!

어제도 내일도 아닌, 바로 오늘.

열정으로 담금질한 불칼을 가슴에 품고

꿈의 바다로.

힘들어하기는 하후 역시 마찬가지였다. 한계 상황에 직면할 때면 투덜거리며 신세타령을 했다.

"젠장, 이렇게 될 줄 알았어! 그냥 그렇게 호숫가에서 여생을 보내는 건데…. 내가 무슨 대단한 모험가라고 분수 파악도 못하고 덜컥 따라나섰으니…."

가우치는 일체 속마음을 드러내지 않았다. 대신 팀원들이 지칠 대로 지쳤다고 판단되면 속도를 늦추거나 고도를 낮춰서 분위기를 바꿨다. 그렇게 한동안 날아가다 보면 거짓말처럼 다시 힘이 나곤 했다.

티오는 오랜 비행을 통해서 깨달았다. 한계란 도달해야 할 마지막 점이 아니라, 뛰어넘어야 할 하나의 선이라는 것을. 그들은 눈에 보이지 않는 몇 개의 선을 넘었다. 티오는 하나의 선을 넘을 때마다 희열과 함께 자부심을 느꼈다.

자신의 몸 안에 그토록 질긴 생명력과 끈기가 감춰져 있었다니!

어둠이 가시고 또다시 해가 솟아 났다. 상승 기류가 올라오고 있는지 가벼운 날갯짓만으로도 몸이 허공으로 떠올랐다. 정체를 알 수 없는 물체가 바다 위를 낮게 떠가고 있었다.

하후가 힘없이 말했다.

"비행기야."

티오가 고개를 흔들었다.

"아냐, 새야!"

"새라고? 저렇게 큰 새도 있어?"

"앨버트로스야! 새 중에서 가장 큰 새. 동물원에 있던 앨버트로스는 날개 길이가 3미터도 넘었어!"

가우치가 앨버트로스를 향해서 방향을 틀었다.

"철새가 아니라면 근처에 분명 둥지가 있을 거야! 정신 차리고 잘 찾아봐."

가우치의 예상이 맞아떨어졌다. 앨버트로스가 날아온 쪽으로 한동안 비행을 하니 바위섬이 나타났다.

절벽과 가까운 허공에는 무수히 많은 가마우지가 떠 있었다. 민물가마우지는 잿빛 깃털을 갖고 있는데 반해 그들은 새하얀 깃털을 지니고 있었다. 상승 기류를 탄 채 유유히 비행하던 가마우지가 화살처럼 떨어져 내렸고, 이내 바닷물 속으로 자취를 감추었다.

하후가 놀라 물었다.

"뭐하는 거지?"

티오가 대답했다.

"물고기 사냥을 하는 거야."

잠시 뒤, 바닷물 속에서 가마우지가 솟구쳤다. 부리에 물고기를 물고 있는 놈도 있었고 허탕을 친 놈도 있었다.

새똥으로 뒤덮이다시피 한 바위섬은 앨버트로스와 가마우지가 점령하고 있었다. 그들은 바위섬 안쪽에 자리를 잡았다. 섬은 황량했지만 바위틈으로 풀이 듬성듬성 자라 있었다. 그러나 이미 먹어 치웠거나 새똥을 잔뜩 뒤집어쓰고 있었다.

다시 비행을 하려면 소진된 기력을 회복해야 했다. 그들은 돌아다니며 풀뿌리를 캐먹기도 하고, 바위 위를 기어 다니는 작은 게를 잡아먹으며 체력을 보충했다.

모두들 먹이 사냥에 열중하고 있는데 알에서 깨어난 지 얼마 안 된 새끼 앨버트로스가 둥지에서 나와 걷기 시작했다. 어미를 쫓아가는 모양이었다. 뒤뚱거리며 내달리던 새끼는 어미처럼 벼랑에서 힘차게 뛰어내렸다.

그러나 날개가 무거워서 날지 못하고 그대로 바다에 내려앉았다. 새끼는 날아오르기 위해서 바닷물 위를 빠르게 달리며 날개를 퍼덕였다. 어미 새는 그것도 모른 채 힘차게 날아가고 있었다.

새끼가 날아오르나 싶었는데 물속에서 상어가 불쑥 솟구치더니 덥석 물었다. 새끼가 발버둥을 쳤지만 소용이 없었다. 상어는 이내 물속으로 자취를 감췄다. 붉게 물든 바닷물 위로 앨버트로스의 깃털이 떠올랐다.

티오가 "불쌍해"라고 말하자, 하후가 코웃음을 쳤다.

"병신! 조금 더 기다리면 제대로 날 수 있을 텐데 그걸 못 참다니…."

가우치는 고개를 숙이고 묵례를 했다.

"저런 건 명복을 빌어줄 만한 가치도 없어!"

"세상에 가치 없는 죽음은 없어. 우리는 죽음 앞에서 경건해야 할 의무가 있어."

"아니, 왜?"

"신은 이 땅에 입구와 출구를 열어놓고 모든 생명을 관리하셔. 입구로 생명체를 들여보내고 출구를 통해서 생명을 거둬들이지. 죽음 앞에서는 그 누구도 예외는 없어서 우리들 중의 누군가는 매일 죽어야만 해. 저 새의 죽음 또한 나와 별개의 죽음이 아니라 바로 우리들 중 하나의 죽음이야. 우리가 생을 살아가도록 저 새가 우리를 대신해서 값비싼 대가를 신에게 지불한 거야. 한마디로 우리를 위해서 희생한 거지!"

가우치의 말을 들으니 눈 속에서 죽은 수리가 떠올랐다. 문득, 죽음이란 등대 같다는 생각이 들었다. 우리가 지금 이 순간을 행복하게 살아야 하는 이유를 명확하게 비춰주는.

잠시 뒤, 아비 새와 어미 새가 차례대로 돌아왔다. 그들은 빈 둥지를 확인하곤 목 놓아 새끼를 불렀다. 그러나 되돌아오는 것은 바위에 부서지는 파도소리뿐이었다.

앨버트로스 부부는 바위섬을 하염없이 맴돌며 새끼를 찾았다. 밤은 점점 깊어졌지만 앨버트로스 부부의 울음소리는 멎을 줄 몰랐다.

21

밤이 지나면 어김없이 태양이 떠올랐다. 매일 맞는 아침이지만 매번 느낌이 달랐다. 춥고 어둡고 힘들었던 밤일수록 태양은 뜨겁고 강렬했다.

기력은 이미 오래전에 바닥이 났다. 잠을 오랫동안 못 자서 머릿속은 멍했고, 눈동자는 모래알이 들어간 듯 서걱거렸다. 그럼에도 불구하고 그들은 계속해서 날아갔다. 아니, 날아간다기보다는 어떤 알 수 없는 힘에 의해서 이끌려가고 있는 듯했다.

육지가 눈앞에 나타났지만 아무도 놀라지 않았다. 그저 잠깐 쉬어갈 수 있는 섬을 발견했다는 사실이 반가울 뿐이었다.

가우치는 내려앉으려다가 흠칫 멈춰 서는가 싶더니 계속 날아갔다. 그것은 섬이 아니었다. 지금까지 만났던 섬과는 완전히 달랐다. 높은 빌딩이 보였고, 울창한 숲이 나타났고, 아름다운 호수가 있었다.

하후가 쉰 목소리로 외쳤다.

“우리가 태평양을 건넜나 봐!”

티오가 물었다.

“어떻게 알아?”

“방금 갠지스 강가에서 보았던 새가 날아갔어!”

그들은 동시에 가우치를 돌아보았다. 그 순간, 지나가던 바람도 멈추어 귀를 기울였고 강물도 정지해서 귀를 기울였다.

가우치가 환하게 웃으며 말했다.

“맞아! 우리가 해냈어!”

하후와 티오가 동시에 소리쳤다.

“정말이야?”

“그래, 결국 해냈어!”

가슴속에서 불꽃이 타올랐다. 티오는 솟구치는 기쁨을 주체할 수가 없었다. 마침 저만치 태양 볕을 받아 반짝이며 흐르는 강물이 보였다. 티오는 가마우지처럼 날개를 옆에 바짝 붙인 채 강물을 향해서 떨어져 내렸다. 그러자 가우치와 하후가 그 뒤를 따라왔다.

세찬 바람이 전신을 훑고 지나갔다. 숲의 풍경이 빠르게 스

쳐지나갔다. 수면에 반사된 햇살이 눈을 찌르는 순간, 목을 길게 빼고 눈을 감았다. 몸이 강물 속으로 깊숙이 미끄러졌고, 아찔한 쾌감이 온몸을 감쌌다.

감았던 눈을 떴을 때는 물속이었다. 티오가 날개를 휘저으며 강물 밖으로 고개를 내밀었다. 가우치와 하후도 차례대로 머리를 내밀었다.

그들은 서로 얼굴을 마주보고 웃음을 터뜨렸다. 자맥질을 하며 노는 사이에 가슴속에 켜켜이 쌓여 있던 두려움과 전신을 뒤덮고 있던 피로가 강물에 조금씩 씻겨 내려갔다.

실컷 놀고 나니 오랫동안 잊고 있었던 허기가 찾아왔다. 티오는 얕은 물가로 이동해서 부드러운 수초를 뜯어먹었다.

하후가 물었다.

"이건 뭐지? 맛있게 생겼네!"

티오는 강물에서 나와 하후에게 다가갔다. 줄기가 방사선 모양으로 뻗어 있고 끝에 연보라색 잎이 매달려 있는 이름 모를 꽃이었다. 꽃잎이 얇고 부드러워서 보고 있으니 군침이 돌았다.

가우치가 만류했다.

"모르는 음식은 안 먹는 게 좋아."

티오는 체념하고 물러섰다. 그러나 하후는 쉽게 미련을 버리지 못했다.

"꼭 먹고 싶은걸. 맛이 특별할 거 같아!"

"정 그렇다면… 내가 먼저 먹어볼게."

가우치가 먼저 잎을 따 먹었다. 하후와 티오는 침을 삼키며 바라보았다. 잠시 뒤, 가우치가 토악질을 했다.

"왜 그래?"

"먹지 마! 독초 같아."

가우치는 강물로 입을 헹궜다. 얼굴이 낮달처럼 창백해졌다. "괜찮아?" 하고 하후가 묻자, 가우치가 묵묵히 고개를 끄덕였다.

말없이 햇볕을 쬐고 있는데 가우치가 다시금 토악질을 하기 시작했다. 강가에서 먹은 음식물을 모두 게워냈지만 토악질은 좀처럼 멈추지 않았다.

하후가 안절부절못하며 물었다.

"어떡하지?"

그러나 티오에게도 좋은 방법이 떠오르지 않았다. 걱정 가득한 눈길로 초조히 바라보고 있으니 가우치가 의연하게 말했다.

"걱정 마. 시간이 지나면 괜찮아질 거야."

어둠이 내리자 초승달이 물푸레나무 위로 떠올랐다. 그들

은 짐승들의 습격을 피해서 강 하구의 모래밭에 잠자리를 잡
았다.

　하후와 티오는 태평양을 건너왔다는 안도감에 젖어서 잠이
들었다. 그러나 가우치는 속이 거북해서 잠을 이룰 수 없었
다. 자꾸만 헛구역질이 올라왔다.

22

　가우치는 웅크린 채 흐르는 강물을 바라보았다. 울창한 숲
을 지날 때는 걸음을 재촉하던 강물도 모래언덕에 이르러서
는 한껏 여유를 부렸다.

　하늘에는 초승달과 별이 총총히 떠 있었다. 그러나 울창한
숲은 칠흑처럼 캄캄했다. 숲을 바라보고 있으니 마음이 무거
워졌다. 문득, 상자에 갇혀서 바다를 건너던 때가 떠올랐다.
한 줄기 빛도 들어오지 않던 상자. 어둠은 바위처럼 단단했
다. 파도에 배가 흔들릴 때도 어둠은 꼼짝하지 않았다.

　시간이 지나자 어둠이 몸의 일부처럼 느껴졌다. 영원히 떨
어져 나갈 것 같지 않던 어둠 속에서 가우치는 절망했다. 살
아 있었지만 산목숨이 아니었다. 까만 어둠 속에서 가우치는

마치 죽음의 신과 얼굴을 마주하고 있는 기분이었다.

가우치는 죽음의 신에게 애원했다. 한 번만 기회를 달라고. 살려만 준다면 지금까지와는 완전히 다른 삶을 살겠다고.

기도가 통한 걸까. 조류학자는 배에서 내리자마자 가우치를 풀어주었다. 너무도 순순히 풀어줘서 오히려 의아할 지경이었다. 가우치는 죽음의 신에게 했던 약속을 지키고 싶었다. 그러나 어떻게 살아야 '완전히 다른 삶'인지 알 수 없었다.

이리저리 떠돌아다니던 가우치는 다른 새들이 자신을 따돌리려 한다는 사실을 눈치챘고, 뒤늦게 등에 검은 상자가 붙어 있다는 사실을 깨달았다.

'제기랄! 어쩐지 순순히 풀어주더라니…'

처음에는 몹시 화가 났다. 자신들의 실험을 위해서 남의 고통 따위는 손톱만큼도 헤아리지 않는 인간들을 용서할 수 없었다. 조류학자의 실험을 망치기 위해서라도 다시 바다를 건너가는 짓 따위는 하지 않으리라 다짐했다. 그러나 시간이 지나면서 그 누구의 것도 아닌 자신의 생명이요, 자신의 삶이라는 생각이 들었다.

한 번뿐인 생이었다. 후회 없이 제대로 살고 싶었다. 가우치는 히말라야 산속에서 도를 닦는 수도승처럼 한자리에 앉아 명상을 했다. 생각하고 또 생각한 끝에 몇 가지 사실을 깨달을 수 있었다.

행복한 삶이란 후회 없는 삶이다. 후회 없이 살기 위해서는 수시로 밀려드는 두려움과 맞서며 앞으로 나아가야 한다. 도전하지 않는 삶은 죽은 삶이다. 생명이 붙어 있는 한 끝없이 자신만의 바다를 건너야 한다. 꿈의 바다를 건너고, 용서의 바다를 건너고, 그리움의 바다를 건너고, 고난의 바다를 건너고, 소망의 바다를 건너야 한다.

비행 도중 가우치는 잠시도 마음을 놓을 수 없었다. 실패를 두려워해서가 아니라 실패에 익숙해질까 봐 두려웠다.

'결국 해냈어!'

태평양을 건너는 건 일생일대의 모험이었다. 오로지 가녀린 날개만으로 수많은 장해물을 헤치고 바다를 건너왔다는 사실이 놀라울 따름이었다.

'이제부터는 한결 편안한 여행이 될 거야.'

가우치는 잠시 상류에 눈길을 주었다. 강물을 타고 둥둥 떠내려 오는 수초를 바라보다가 눈을 감았다. 내일의 비행을 위해서 잠을 자둬야만 했다. 그러나 머릿속이 이상하리만큼 투명했다.

고향에 다 왔다는 안도감 때문일까. 가슴 깊숙한 곳에 묻어 두었던, 알에서 막 깨어난 솜털이 보송보송한 어린 아들의 얼굴이 떠올랐다. 코끝이 시큰해지며 눈가가 뜨거워졌다.

'지금쯤 얼마나 컸을까?'

다시 만날 가족들을 생각하니 가슴이 민들레 꽃씨처럼 부풀어 올랐다.

어디선가 콧노래가 들려왔다. 강물이 콧노래를 흥얼거리며 하류로 흘러가고 있었다. 귀를 기울이고 있으니 마음이 한없이 편안해졌다.

갑자기, 콧노래가 뚝 끊겼다. 알 수 없는 두려움이 너울거리며 밀려들었다. 가우치는 스르르 눈을 떴다. 어둠 속에서 두 개의 불꽃이 형형한 빛을 뿜어내고 있었다. 오싹해지면서 깃털이 곤두섰다.

붉은여우였다. 온몸이 흠뻑 젖은 여우 한 마리가 모래밭에 우뚝 서서 노려보았다. 그의 등 뒤로 수초더미가 둥둥 떠내려가고 있었다. 가우치는 뒤늦게 깨달았다. 상류에서 떠내려오던 수초더미 속에 여우가 숨어 있었다는 사실을.

가우치는 소리쳐서 친구들을 깨울까 하다가 생각을 바꿨다. 경고 신호를 보내기에는 거리가 너무 가까웠다. 여우는 동작이 민첩한 데다 도약 능력 또한 탁월했다. 이 미터 높이쯤은 가뿐히 뛰어올랐다.

소리를 지르면 친구들이 놀라서 깨어날 것이고, 여우는 허둥거리며 날아오르려는 그들을 향해서 달려들리라. 그러고는 단단한 이빨로 날갯죽지를 물고 늘어지리라.

'이제 어떡하지?'

가우치는 빠르게 머리를 굴리다가 천천히 몸을 일으켰다. 여우가 날카로운 이빨을 드러낸 채 짧은 울음을 토했다. 일종의 경고였다. 사냥을 방해하지 말고 조용히 사라져 달라는.

'친구를 놓아두고 도망치라고? 그럴 수는 없지!'

가우치는 목을 한껏 빼고 여우를 향해 벼락같이 달려들었다. 기습 공격에 놀랐는지 붉은여우가 주춤거리며 뒷걸음질 쳤다. 반격할 틈을 주지 않기 위해 부리로 계속 여우의 길고 뾰족한 얼굴을 공격했다. 최대한 친구들과 떨어뜨려 놓기 위함이었다.

계속 뒷걸음질 치던 여우가 강물이 뒷발에 닿자 와락 달려들었다. 모래밭에서 한바탕 싸움이 벌어졌다. 여우는 날카로운 이빨로 무차별적인 공격을 퍼부었다. 가우치는 날개를 퍼덕이며 피해 다니다가 간간이 부리로 공격했다.

몸만 성하다면 여우의 공격쯤은 너끈히 피할 수 있었다. 그러나 가우치의 신경은 독초로 인해 무뎌져 있었다. 몸은 뻣뻣했고, 마음보다 한 박자씩 느리게 반응했다. 교활한 여우는 약점을 놓치지 않았다. 공격해 오기를 기다렸다가 물러서는 척하며 재빨리 목덜미를 물었다.

순간, 가우치는 모든 게 끝났다는 걸 알았다. 상자 속에 갇혀 있을 때 보았던 죽음의 신이 아른거렸다. 이번에는 결코 빠져나가지 못하리라는 것을 직감했다. 그럼에도 불구하고 의외로 마음이 담담했다.

가우치가 눈으로 물었다.

'이봐! 내 친구들까지 해칠 필요는 없잖아?'

알아들었다는 신호일까. 붉은여우의 큰 귀가 위아래로 펄럭였다.

23

꿈속에서 가루라가 구슬피 울었다. 천둥 번개가 치고 폭우가 쏟아졌다. 너무도 슬픈 울음이었다. 티오는 따라 울다가 잠에서 깨어났다.

눈을 떴을 때, 한 번도 경험해보지 못한 이상한 기운이 가슴을 옥죄어 왔다. 조심스레 주변을 살폈다. 가우치가 보이지 않았다. 대신 깃털이 여기저기 흩어져 있고, 핏물이 곳곳에 떨어져 있었다.

잠에서 깨어난 하후가 물었다.

"무슨 일이야?"

티오는 자리에서 일어나 모래밭을 살폈다. 어지러이 찍힌 발자국을 보니 네 발 달린 짐승이었다. 늑대, 이리, 자칼, 아니면 여우의 짓이리라. 가우치의 깃털 사이로 짧고 붉은 털이 눈에 띄었다. 냄새를 맡아보니 노린내가 진동했다.

하후가 외쳤다.

"붉은여우 짓인가 봐!"

티오의 예상도 크게 다르지 않았다.

"가우치!"

목청껏 소리쳐 불러봤지만 숲은 적막하리만치 고요했다. 그 흔한 텃새들의 노랫소리조차 들려오지 않았다.

티오는 모래사장에 점점이 찍혀 있는 핏방울을 따라갔다. 핏방울은 강물 속으로 길게 이어져 있었다.

하후가 울먹였다.

"붉은여우에게 당했어!"

"설마…."

티오는 가우치의 죽음을 받아들일 수 없었다. 무심히 흐르는 강물을 바라보다가 물었다.

"어느 쪽으로 갔을까?"

"내가 하류를 찾아볼게, 너는 상류를 찾아봐."

티오는 고개를 끄덕였다. 강바닥은 낮았고 물살의 세기는 약했다. 그러나 위로 올라갈수록 강바닥도 깊어졌고, 물살도 세졌다.

건너편 숲을 유심히 살피다 보니 강둑에 떨어져 있는 깃털이 보였다. 여우는 가우치를 질질 끌고 갔는지 숲 여기저기에 깃털이 흩어져 있었다.

티오는 강과 그리 멀지 않은 숲에서 속이 빈 채 죽어 있는 새의 시체를 발견했다. 처참한 죽음에 절로 눈이 감겼다.

"아냐! 가우치가 아냐!"

뒷걸음질 치던 티오는 등 쪽에 달라붙어 있는 검은 상자를 발견했다. 검은 상자는 변함없이 빨간 불빛을 깜빡이고 있었다. 순간, 눈앞이 아득해졌다.

"아, 안 돼!"

울음소리를 듣고 하후가 날아왔다. 한동안 말 없이 가우치를 내려다보던 하후가 털썩 주저앉았다.

"가우치… 미안해!"

하후의 눈물방울이 가우치의 시신을 적셨다.

"나 때문이야! 내가 독초를 먹겠다고 고집만 안 부렸어도…. 아니, 내가 좀 더 잠귀만 밝았더라도…."

슬픔을 달랠 길 없는지 하후가 하늘 높이 날아올랐다. 그는 허공 위를 어지러이 날아다녔다. 불꽃처럼 살아왔던 위대한 인도기러기에게 바치는 비행이었다.

티오는 망연자실해서 죽은 가우치를 내려다보았다. 등 뒤에서 바람이 불어왔다. 순간, 환청처럼 가우치의 음성이 들려왔다.

— 슬퍼하지 마. 우린 해냈잖아!

승리자의 죽음치곤 초라한 죽음이었다. 티오는 나뭇잎을 따서 가우치의 몸을 덮었다.

— 괜한 짓 하지 마. 자연의 품에서 태어났으니 자연의 품으로 돌아가야지!

가우치다운 선택이었다.

"잘 있어, 친구!"

티오가 낮게 속삭였다. 가우치는 더 이상 말이 없었다. 땅을 박차고 날아오르는데 가우치의 머리 위로 눈물 한 방울이 툭, 하고 떨어졌다.

5
꿈을 이루는 방법

도전 - 진짜 위험한 것은 아무것도 하지 않는 것이다

24

태평양은 건넜지만 여행은 아직 끝나지 않았다.

어느새 대륙에는 봄이 기웃거리고 있었다. 들판의 보리는 웃자라 있었고, 습지에서는 파릇파릇한 식물이 고개를 내밀 었다.

갠지스 강이 점점 가까워지자 하후는 몹시 초조해졌다.

"아내가 날 기다리고 있을까? 재혼했으면 어떡하지? 보나 마나 재혼했을 거야! 헤어진 지 벌써 두 해도 넘었어. 아, 진 작 용기를 냈어야 했는데…."

티오는 아무 말도 해줄 수 없었다. 그 역시 아버지와의 재 회를 생각하니 머릿속이 텅 비면서 입안이 바짝바짝 말랐다.

너른 들판을 건너갔다. 마침내 굽이치며 흐르는 갠지스 강
이 보였다. 하늘과 들판은 물론이고 강물까지 붉게 물들인 채
태양이 서서히 지고 있었다.

강변을 훑어보았으나 형제들은 보이지 않았다. 날씨가 더
워지자 위쪽으로 이동한 듯했다. 낮게 날아서 강줄기를 따라
올라갔다. 사람들이 소원을 빌기 위해서 띄워 보낸 꽃등불이
강물을 타고 흘러내려왔다. 인간의 소망 역시 저리도 이루기
힘든 걸까. 꽃등불은 금방이라도 꺼질 듯 깜빡거렸다.

이슬람 사원을 지나가니 풀숲에서 그리운 형제들의 울음소
리가 들려왔다. 티오와 하후는 날개를 접고 갈대밭에 내려앉
았다. 수십 마리의 기러기들이 무리지어 모여 있었다.

아는 얼굴이 있나 티오가 유심히 살펴보았다. 하나같이 낯
선 걸로 보아서 아버지가 이끄는 무리는 아니었다.

한순간 등 뒤에서 날카로운 외침이 날아들었다.

"여보!"

순간, 하후의 몸이 전기에 감전된 듯 부르르 떨렸다. 그는
천천히 몸을 돌렸다. 아름다운 기러기 한 마리가 너울너울 춤
을 추며 달려왔다.

"내가 꿈을 꾸고 있는 건 아니겠죠? 오, 내 사랑!"

하후의 아내가 눈물을 글썽이는가 싶더니 환희의 춤을 추

기 시작했다. 잊지 않고 찾아와준 남편에 대한 감사의 마음을 담아서. 하후도 눈물을 글썽이며 춤을 추기 시작했다. 외기러기로서의 온갖 설움을 꿋꿋하게 이겨낸 아내를 위해서.

한바탕 춤사위가 끝나자 그들은 강물로 뛰어들었다. 둘은 나란히 헤엄치다 동시에 강물에 얼굴을 묻었다. 기러기가 이성과 함께 강물에 얼굴을 묻는 행위는 사랑의 고백이었다. '나는 당신을 사랑합니다' 라는.

갈대숲에서 막 사춘기에 접어든 기러기들이 사랑의 세레나데를 불렀다. 혼자 듣기 아까운지 바람이 노랫소리를 하늘가로 실어 날랐다.

티오는 아버지의 무리를 찾아 나섰다.

강 위로 날아가다 보니 다시 한 무리의 새들이 나타났다. 낯익은 얼굴들이 보였다. 아버지의 습성을 아는 티오는 곧바로 갈대숲으로 들어갔다.

뒷모습이 낯익은 새 한 마리가 강물에 발을 담근 채 하구로 흘러가는 강물을 하염없이 바라보고 있었다. 조각상처럼 꼼짝 않고 서서.

티오가 조용히 불렀다.

“아버지….”

담담하게 부르려 했는데 목소리가 파르르 떨렸다. 아버지가 천천히 고개를 돌렸다. 순간, 티오는 충격에 빠졌다.

아버지는 아버지인데 기억 속에 남아 있던 아버지가 아니었다. 예전의 아버지는 윤기가 나는 깃털에 커다란 몸집을 지니고 있었다. 피부는 윤기가 흘렀고, 눈에서는 광채가 뿜어져 나와 다른 새들을 압도했다. 그러나 눈앞의 아버지는 달랐다. 깃털이 듬성듬성 빠진 데다 몸집은 초라하리 만큼 왜소했다. 피부는 거칠었고, 눈빛은 흐리멍덩했다.

“누구…?”

눈과 귀도 나빠졌는지 아버지는 한동안 티오를 알아보지 못했다. 긴 목을 구부정하게 굽히면서 눈만 껌뻑일 뿐이었다.

티오가 가까이 다가서자 그제야 알아보고는 허둥거리며 달려왔다.

“오, 이게 대체 누구냐? 내 아들, 티오 아니냐!”

아버지는 이내 중심을 잃고 넘어지려 했다. 티오는 아버지를 붙들었고, 와락 끌어안았다. 할 말이 많았는데 이상하게 아무 말도 생각나지 않았다. 하염없이 눈물만 흘리고 있으니 아버지가 등을 다독거렸다.

“내 아들이 왔구나, 왔어! 내가 너를 얼마나 보고 싶어했는지 아니?"

티오는 속으로 말했다.

'아니요, 아버지! 저는 아버지의 마음을 열에 하나도 헤아릴 줄 몰라요. 그동안 아버지를 얼마나 미워했는지 상상조차 못하실 거예요.'

"이게 꿈은 아니겠지? 티오야, 내가 지금 꿈을 꾸고 있는 건 아니지?"

티오는 거짓말을 했다.

"아버지는… 여전히 정정하시네요."

"내 아들이 이렇게 크다니…. 네 엄마가 이 모습을 봤어야 하는데…."

"보고 계실 거예요. 늦게 와서 죄송해요!"

"잘 왔다! 정말 잘 왔어!"

티오는 아버지를 끌어안았다. 아버지의 몸에서는 전에는 맡을 수 없었던 쾌쾌한 냄새가 났다. 그것은 오랜 세월 동안 자식 걱정에 속이 문드러진, 아버지의 냄새였다. 조금씩 병이 들어, 알게 모르게 썩어 가고 있는.

쾌쾌한 냄새를 맡고 있으니 더 늦기 전에 해야 할 말이 떠올랐다. 어쩌면 처음이자 마지막이 될지도 모르는 말이었다.

"아버지… 사랑합니다!"

아버지는 움찔하는가 싶더니, 행여 울음이 삐져나올 새라 부리를 꼭 다문 채 오열하기 시작했다. 방울방울 떨어진 눈물이 이내 티오의 날갯죽지를 적셨다.

비로소 바다를 건너왔다는 사실이 실감났다. 티오가 건넌 것은 아버지와 그 사이에 놓여 있던 바다였고, 용서와 화해의 바다였다.

25

티오는 아버지와 다정한 연인처럼 붙어 다녔다. 함께 비행을 즐겼고, 함께 식사를 했고, 함께 물놀이를 즐겼고, 함께 잠자리에 들었다.

기온이 점점 오르면서 한가로웠던 시절도 끝이 났다. 모두들 중앙아시아 초원지대로 이동할 준비를 하느라 슬슬 분주해졌다.

티오가 아버지에게 작별을 고했다.

"저는 이만 가봐야겠어요."

아버지는 흠칫, 놀랐다. 그러나 어디로 가느냐고 묻지 않았고, 붙들지도 않았다.

"다시 돌아올 거지?"

티오는 아버지와 눈을 맞추며 힘주어 고개를 끄덕였다. 그러나 그들은 알고 있었다. 어쩌면 그것이 마지막 인사가 될 수도 있음을.

집을 나선 티오가 찾아간 곳은 미얀마의 습지였다. 가우치의 아들 더치를 만나기 위해서였다. 이동을 앞둔 인도기러기들은 강과 습지를 오가며 막바지 비행 연습을 하고 있었다.

더치를 찾는 것은 어렵지 않았다. 가우치와 생김새는 물론이고 깃털 빛깔마저도 똑같았다. 한 가지 다른 점이 있다면 가우치는 앞에서 비행했는데, 더치는 후미에 처져서 혼잣말을 중얼거리며 홀로 날아가고 있다는 것이었다.

"지겨워, 지겨워!"

티오는 빙긋 미소를 지었다. 불만 가득한 더치를 보니, 자신의 어린 시절이 떠올랐기 때문이었다.

비행 연습은 해질 무렵에 끝이 났다. 새들은 가족끼리 삼삼오오 모여서 식사를 했다. 티오는 홀로 떨어져 있는 더치에게 다가갔다.

"안녕! 난 아빠 친구란다."

더치가 깜짝 놀라며 물었다.

"정말 우리 아빠를 아세요?"

"물론이지! 함께 바다를 건넜는걸."

더치가 주변을 두리번거리며 물었다.

"그런데… 왜 우리 아빠는 보이지 않죠?"

"이야기하자면 길단다. 차차 들려주마."

함께 식사를 하고 나서 티오는 더치의 둥지로 갔다. 오랫동안 혼자 살았는지 둥지는 썰렁했다. 어머니와 다른 형제들의 행방에 대해서 물을까 하다가, 가슴만 아프게 할 것 같아서 그만두었다.

더치가 물었다.

"우리 아빠가 제 이야기를 자주 하셨나요?"

"자주는 아냐. 아주 가끔 하셨지."

"그럴 줄 알았어요."

더치는 실망하는 기색이 역력했다.

"그건 널 사랑하지 않아서가 아니라 아주 많이 사랑하기 때문이란다. 원래 소중한 것들은 제대로 표현하기 어려운 법이거든."

"어떻게 아세요?"

"네 이야기를 하는 시간은 짧았지만, 그 순간만큼은 이 세상에서 가장 행복해 보였거든. 목소리는 당신도 의식하지 못하는 사이에 높아졌고, 눈동자는 밤하늘의 별처럼 초롱초롱 빛이 났지."

잠시 생각하던 더치가 고개를 끄덕였다.

"우리 아빠는 어떤 분이신가요?"

"아주 멋진 분이셔! 그런 아버지를 둔 걸 자랑스러워해야 한다."

"알고 싶어요! 아빠에 대해서."

티오는 잠시 눈을 감고 마음을 추스른 뒤, 알고 있는 모든 것을 들려주었다. 첫 만남에서 마지막 이별까지. 가우치가 얼마나 지혜롭고 책임감이 강한 기러기였는지.

한마디도 놓치지 않으려는 듯 숨죽이고 듣던 더치는 아버지의 죽음에 이르자 목을 놓아 통곡하기 시작했다. 티오는 실컷 울도록 놓아두었다. 슬픔은 어린 더치를 한층 강하게 단련시킬 터였다.

울음이 잦아들자 티오가 다시 입을 열었다.

"우린 한 가지 약속을 했단다. 만약 우리 중에서 누군가 살아남는다면 가족을 찾아가 유언을 전해주기로."

"아버지의 유언은 뭐죠?"

티오는 잠시 눈을 감았다. 섬에 부딪치는 파도소리, 앨버트로스 부부의 울음소리와 뒤섞인 가우치의 목소리가 또렷하게 들려왔다.

"너는 내가 꾸었던 가장 아름답고 찬란한 꿈이란다. 나는 그 꿈이 봄날의 몽상이 아니라 현실에서 이루어지기를 간절히 바란단다."

아버지의 유언을 음미하기 위함일까. 더치는 고개를 외로 돌리고 깜깜한 어둠 속을 한동안 바라보았다.

밤이 점점 깊어갔다. 별들이 금방이라도 쏟아질 듯이 반짝였지만 티오의 눈꺼풀은 점점 무거워졌다. 숙제를 마쳤다는 안도감 때문일까. 이내 깊은 잠속으로 빠져들어갔다.

티오는 바스락거리는 소리에 눈을 떴다. 주변은 아직도 어둠에 묻혀 있었다. 밤새 한잠도 자지 않은 걸까. 더치가 기다렸다는 듯이 물었다.

"삼촌, 꿈을 이루려면 어떻게 해야 하죠?"

"꿈을 이루고 싶니?"

"네!" 하고, 대답하는 더치의 눈에서 형형한 빛이 뿜어져 나왔다. 처음 만났을 때의 가우치처럼.

"바다를 건너라!"

"네? 무슨 바다요?"

"네 앞에 놓여 있는 바다."

쉽게 이해되지 않는지 더치가 큰 눈을 깜빡였다.

"꿈을 이루기 위해서는 부딪쳐야 해! 시간은 우리의 예상보다 훨씬 빠르게 흘러간단다. 주저하고 망설일 틈이 없어! 용기를 내서 지금 당장 바다를 건너렴."

"꼭 바다를 건너야 해요? 건너지 않고, 건넌 사람들의 이야기를 들으면 안 돼요?"

"너도 평생 바다를 건너는 상상만 하며 살고 싶니? 그렇게 살면 편할지는 몰라도 언젠가는 반드시 통한의 눈물을 흘리게 돼."

"왜요?"

"죽음이 얼마 남지 않았는데, 자신의 삶이 쭉정이처럼 텅 비었음을 깨닫게 된다면 기분이 어떻겠니?"

더치가 쉽게 이해되지 않는지 고개를 갸웃거렸다. 티오는 좀 더 설명해줄까 망설이다 그만두었다. 말로 깨친 깨달음은 쉽게 사라지지만 몸으로 깨친 깨달음은 오래가는 법이었다.

"난 이만 가봐야겠다."

티오가 날아오르려 하자, 더치가 다급히 물었다.

"어디로 가세요?"

"히말라야."

"왜요?"

"가루라를 만나러."

"어? 가루라는 전설의 새잖아요. 그런데 어떻게 만나요?"

"물론 쉽지 않겠지. 하지만 열심히 살아가다 보면 언젠가는 만나지 않겠니?"

티오는 땅을 박차고 날아올랐다.

동이 터오고 있었다. 만년설 위로 떠오르는 태양은 날아오르기 직전의 한 마리 새를 연상시켰다. 태양은 머리였고, 눈 덮인 산은 날개였다. 어찌 보면 수리 같기도 했고, 삼촌 같기도 했고, 가우치 같기도 했고, 가루라 같기도 했다.

티오는 문득, 그들에게서 한 가지 공통점을 발견했다. 그것은 바로 '바다를 건넌 새' 라는 점이었다. 방법은 달랐지만 그들은 각자 자신의 앞을 가로막고 있던 바다를 건너갔다.

태양이 산 위로 솟구치자 새하얀 만년설이 황금빛으로 물들었다. 머리는 물론이고 날개까지 황금빛을 띤 거대한 새가 창공을 향해 날아올랐다. 순간, 가루라의 우렁찬 울부짖음이 들려왔다. 티오가 화답하듯 함성을 질렀다. 청아한 기러기 울음소리가 하늘가에 오래도록 울려퍼졌다.